Huangfanqu Gonglu Tu de Chuzhi Jishu Yanjiu

黄泛区公路土的处治技术研究

姚占勇 著

人民交通出版社

内 容 提 要

本书共分四章，内容包括黄泛区土的工程特点、黄泛区粉土压实技术、无机结合料稳定黄泛区土的工程技术、黄泛区公路地基与路基处治技术。本书可供从事道路工程设计与施工的技术人员参与，也可供高等学校相关专业高年级本科生及研究生学习参考。

图书在版编目(CIP)数据

黄泛区公路土的处治技术研究/姚占勇著. —北京:人民交通出版社,2013.4

ISBN 978-7-114-10288-2

I. ①黄… II. ①姚 III. ①黄河流域—道路工程—地基处理—研究 IV. U416.1

中国版本图书馆 CIP 数据核字(2013)第 000255 号

书　　名：黄泛区公路土的处治技术研究
著 作 者：姚占勇
责任编辑：曲　乐　刘永超
出版发行：人民交通出版社
地　　址：(100011)北京市朝阳区安定门外外馆斜街3号
网　　址：http://www.ccpress.com.cn
销售电话：(010)59757973
总 经 销：人民交通出版社发行部
经　　销：各地新华书店
印　　刷：北京密东印刷有限公司
开　　本：720×960　1/16
印　　张：10.25
字　　数：150千
版　　次：2013年4月　第1版
印　　次：2013年4月　第1次印刷
书　　号：ISBN 978-7-114-10288-2
定　　价：28.00元

前 言

在我国东北的南部，以及长城以南、秦岭以北，西迄青海东部、东至海滨的广大黄河流域，都广布黄土。黄土质地均匀，粉粒含量占60%~70%，但缺乏团粒结构，粒间的固结主要依赖硫酸钙质，极易流失。据初步统计，黄河中游地区每年每平方公里中被冲刷外移的土壤约为3 700t，该地区土壤侵蚀模数量是全世界的27.5倍。由于黄河的洪水挟带大量泥沙，进入下游平原地区后迅速沉积，主流在漫流区游荡，人们开始筑堤防洪，行洪河道不断淤积抬高，使之成为高出两岸的“地上河”，在一定条件下就会决溢泛滥，改走新道。黄河下游河道迁徙变化的剧烈程度，在世界上是独一无二的。有文字记载，黄河曾经多次改道。大量的泥沙随黄河的泛滥、改道，沉积于西起郑州附近，北抵天津，南达江淮，纵横25万km^2的范围内，包括山东、安徽、河南、江苏、河北等的广大区域，形成我国特有的、土质以粉土为主的黄河冲(淤)积平原。在山东，黄河冲(淤)积粉土遍布菏泽、济宁、德州、滨州、济南、淄博和潍坊等广大地区，覆盖面积达52 100km^2，约占山东省总面积的34%。因黄河冲(淤)积平原多由黄河水泛滥而成，通常又称为黄泛区或黄泛平原区。

由于黄泛区平原粉土特殊的成因，其颗粒分布和结构具有其独有的特征。在土层构造上，呈层状分布，部分区域中间夹杂黏土层；粒径分布上，土颗粒均匀，0.074~0.002mm的粉粒含量一般为70%~80%以上，黏粒含量极低，一般不足总量的10%；孔隙率高，压缩性较大；地下水位较高，地基沉降量较大；颗粒构造上，颗粒磨圆度较高；毛细管发达，毛细作用剧烈。

粉质颗粒的大量存在导致黄泛区粉土级配较差，由于缺乏细颗粒的填充作用，加之颗粒的表面较圆滑，孔隙率高，使得该类土难以压实，压实含水率不易控制，压实后表面松散，难以达到较高的压实度，且压实后强度不高，导致路面结构的软支撑并很快发生路面结构的早期病害。

由于砂石料的严重缺乏，无机结合料稳定土成为该区域常用的底基层，甚至是基层材料。石灰、水泥、粉煤灰是常用的结合料。但黏粒的严重不足,使得无机结合料与土间的离子交换、火山灰反应和化学激发作用很少发生,严重影响了稳定土强度的形成。二灰(石灰、粉煤灰)稳定土具有较高的后期强度,但由于影响二灰稳定土强度的因素众多,各因素对二灰稳定黄泛区土强度的影响规律并不十分清楚,导致区域内的二灰稳定土在配合比设计、碾压、养生等方面的偏差,直接影响二灰稳定土质量。

由于黄泛区特殊的土质和水文地质条件,路基工后沉降量较大。其中地基的沉降约占路基总沉降的70% ~80%以上,成为影响该区域行车安全、舒适,并导致路面结构早期病害的重要原因之一。黄泛区地基土质主要为粉粒含量和磨圆度很高的粉质土,且地下水位高,层间常常夹杂厚度不一的软泥层,地基的压实较为困难。采取何种经济有效的工程技术措施最大限度地减少公路地基的工后沉降,如何控制地基的压实标准,是工程界关心的技术问题。

由于黄泛区特殊的地基和路基条件,以及交通量大、重车多的现实,路面结构的早期病害一直是困扰该区域公路建设和养护的难题。针对该区域特点,结合作者对山东省黄泛区公路工程的研究和工程实践,本书系统介绍了黄泛区土的工程性质、压实特性、施工工艺,稳定土的材料特性、配合比设计方法、施工工艺和养生技术,路基、地基的沉降规律,地基处置技术和方法,以及路床区处置技术等。希望本书的出版对于该区域公路建设和养护工作有所帮助。

在本书的撰写过程中,得到了山东省公路局、山东高速集团有限公司有关工程项目的支持,在此一并表示感谢!

本书的编辑、出版和发行得到了人民交通出版社的大力支持,在此致以衷心感谢!

由于精力、水平所限,本书难免有错误之处,敬请读者指正!

作　者

2012年12月于山东大学

目　录

第一章　黄泛区土的工程特点

第一节　黄泛区土的组成特点

土的组成是物质在特定的地质、气候环境下迁移转化和积聚的结果，其组成包括土的成层构造、化学组分、矿物组成和颗粒组成。以下从土的成型剖面、土的主要物质组成和土的颗粒组成三方面来阐述黄泛区土的组成特点。

一、土的成型剖面

距今约 10 万年前，黄河携带大量黄土高原的泥沙进入中下游平原。随地壳振荡式下沉，河身的反复摆荡，开始了塑造黄河冲（淤）积沉积平原的历程。成土物源来自于黄土高原的黄土。进入全新世，黄土仍是塑造平原地形的物源。公元前 9500 年开始，黄河冲（淤）积平原经历了全新世完整的海水进退旋回，于公元前 2500 年结束。在公元前 6000 年的海侵最盛时期，由于侵蚀基准面的上升，平原排水不畅，引起沼泽化现象，导致在漫滩低地上有一期普遍的淤泥沉积，造成了全新统地层一统三分的构造剖面，如图 1-1 所示。沉积厚约 20m，上陆相层 0 ~ 9.4m、下陆相层 17.75 ~ 22.99m 为粉土，亚砂土夹亚黏土，中间为 9.14 ~ 17.75m 的海相黑灰色淤泥层。岩相古地理如图 1-2 所示。

进入人类历史时期，黄河为人工堤约束，成为地上悬河。1855 年后夺大清河入海，在利津以东塑造了今日的黄河三角洲。地貌上岗洼相间，呈垄状起伏。岸线以上区域，以微斜平地和滨海滩地为主，次为河滩地和河滩高地。沉沙表现为“高沙、洼淤、干胶泥（壤）”的一般规律。无论是垂直剖面还是水平方向上，均由粉土、粉土夹薄层黏土地层组成。沿东营胜利黄河大桥—东营港方向 60km 范围内的取样地点、取样地点土层剖面分别如图 1-3、图 1-4 所示。

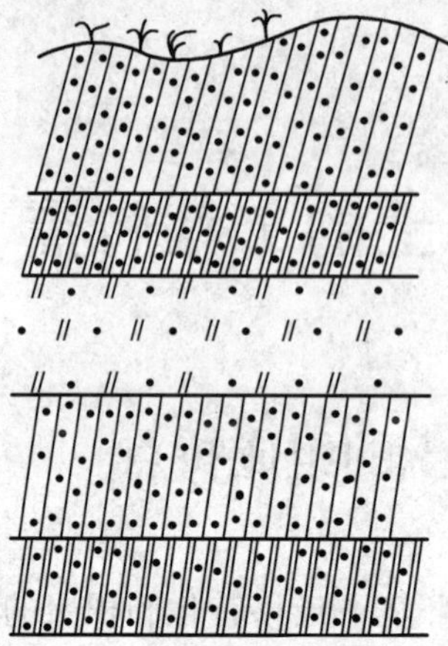

图 1-1　沾化县下河李村处全新世(Q_4)剖面

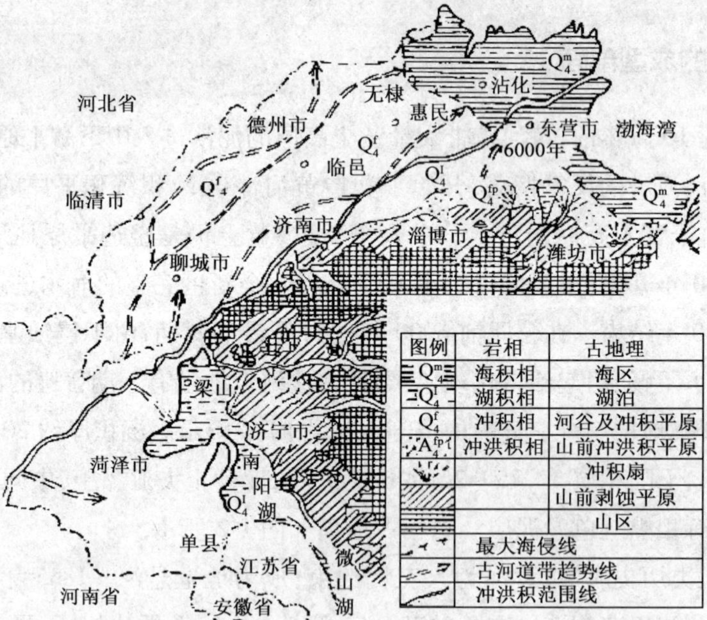

图例	岩相	古地理
Q_4^m	海积相	海区
Q_4^l	湖积相	湖泊
Q_4^f	冲积相	河谷及冲积平原
A_4^{fp}	冲洪积相	山前冲洪积平原
		冲积扇
		山前剥蚀平原
		山区
	最大海侵线	
	古河道带趋势线	
	冲洪积范围线	

图 1-2　山东省平原区全新世岩相古地理图

从土层剖面看,在取土深度内,0～28.5cm 深内为表层土,28.5～40cm 深内为含黏土矿物稍高的粉土,向下夹有 20～25cm 厚的不易粉碎的暗褐色黏土层,再向下为浅土黄色粉土,粉粒含量 >96%,只在局部洼坑地带如傅家窝沉积了粉

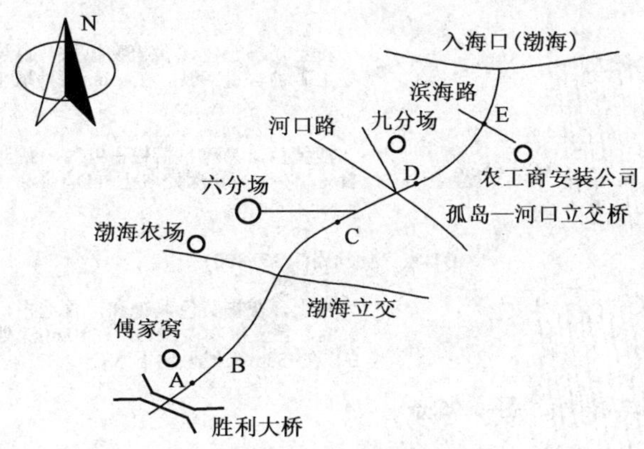

图 1-3 取样地点示意图

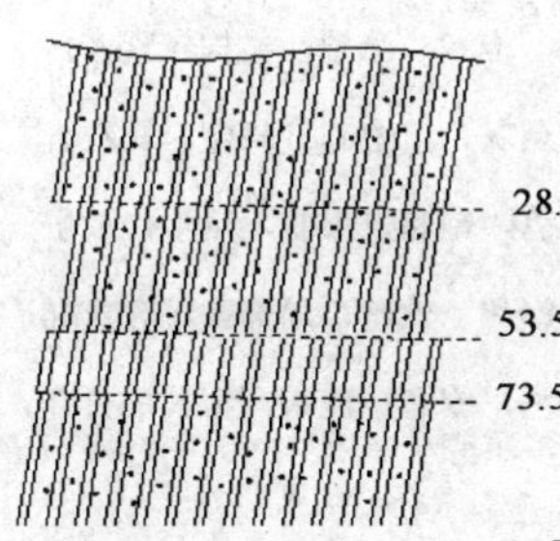

粉土，褐红色，含有植物根系，发育有裂隙，黏土矿物含量40%，粉粒84%，在30cm深处取土样A_1

粉土，浅黄土色，松散，黏土矿物含量为17%，粉粒97%，在53cm深处取土样A_2

黏土，红褐色，不易粉碎

黏土，浅黄色，松散，未下挖

a) A点：集贤乡土层剖面

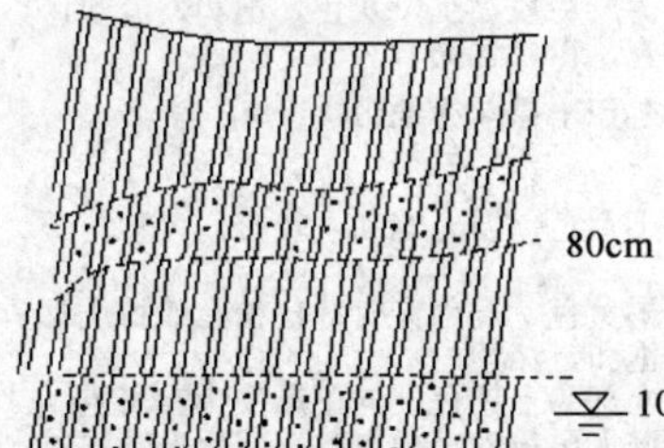

黏土，褐黄色，具成层性，可呈叶片状剥离，含植物根系，土中发育大空隙，易裂纹，层间夹3cm厚浅黄色粉土层，含粉粒59%，黏粒41%，在40cm深处取土样B

粉性土，浅黄色，向下1m见地下水位

b) B点：傅家窝北(K8+500)

60～65cm

1.2m

粉土，浅黄色，发育有水平波纹，易碎，易挖掘。黏土矿物占30%，粉粒占98%，在40cm深处取土样C_1

黏土，浅黄色，易碎，黏土矿物占22%，粉粒占94%，120cm深处见地下水位，在60cm深处土样C_2

c) C点：六分场(K25+600)

图 1-4

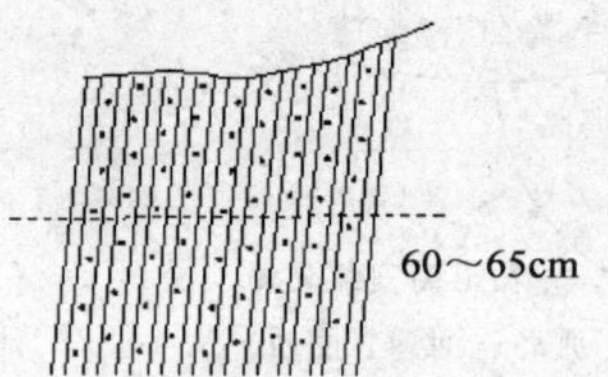

d)D点：仙河路(K36+800)

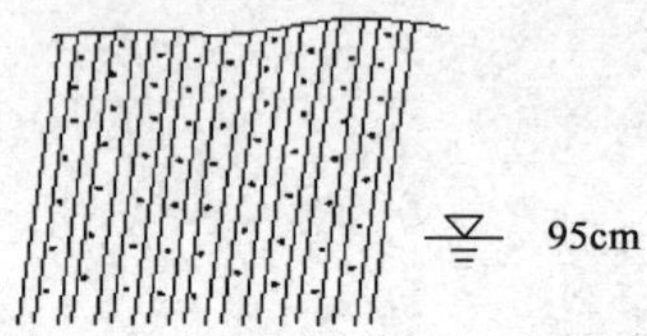

e)E点：滨海路北(K55+000)

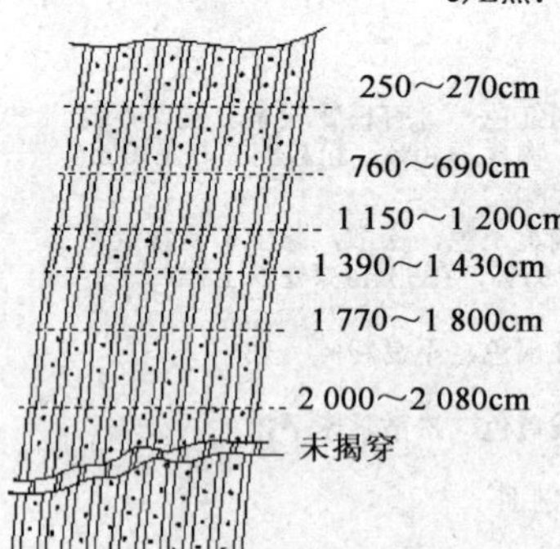

f)孤岛西北河口路立交桥处冲(淤)积平原前缘地带

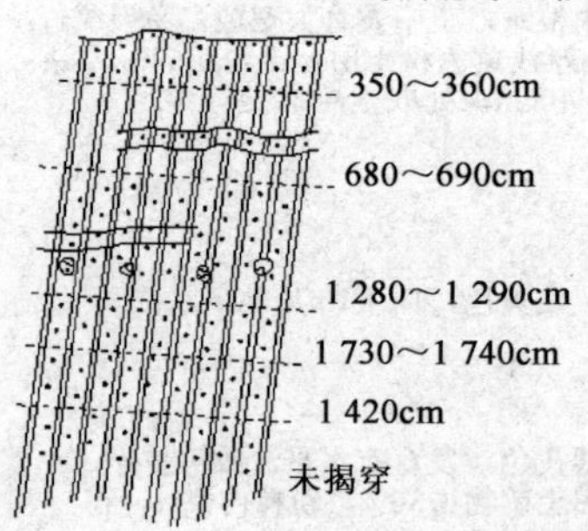

g)渤海支渠立交桥处剖面

图1-4　取样地点土层剖面图

质黏土层。上、下两层粉土的粉粒和黏土矿物含量如图1-5所示。从颜色上看，以褐土黄色、浅土黄色为主，这是由于含大量石英、长石、伊利石、云母类原主浅色矿物造成的，褐土红色则是未水化的氧化铁染成的。

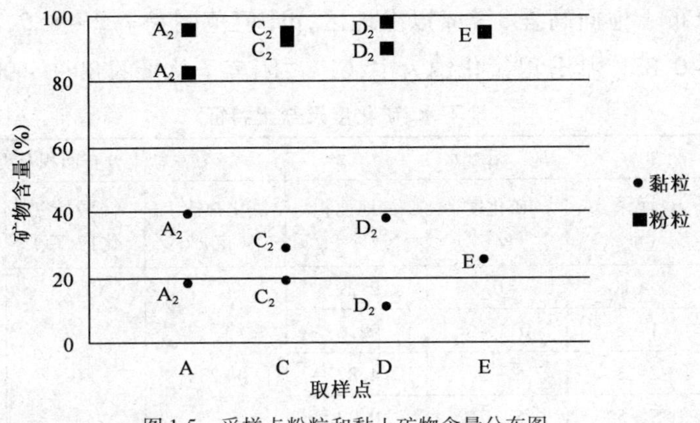

图 1-5　采样点粉粒和黏土矿物含量分布图

二、土的主要物质组成

土的沉积相环境(物源气候、地下水运动状况、海水侧渗、顶托作用等)决定了土的化学成分、含盐量和盐分的特征。这些特征直接影响着土的改性稳定问题。

1. 气候

黄泛区属暖温带季风区。春旱,夏涝,晚秋又旱。对于沿海区域,由于海水的侧渗、顶托作用,土壤盐渍化严重。以东营市为例,气候、温度、湿润系数 k、盐分变化见表 1-1。

东营市气候、温度、湿润系数 k、盐分变化　　表 1-1

月份	2～5 月	6 月	7～8 月	9～11 月	12～2 月
温度	-1～22℃	18～28℃	23～30℃	13℃	干燥寒冷最低 -10℃
湿润系数 k		0.3	1.8	0.2～0.5	
盐分变化	土壤盐分上行、强烈蒸发、积盐	夏季相对稳定	雨季淋浴脱盐,下行为主	秋季蒸发,积盐	相对稳定

2. 地下水矿化类型及土中的盐分

地下水矿化度及盐土特征见表 1-2。如表所示,盐土的盐分在黄河以北平原西部以硫酸盐为主,向东盐分中的氯化物逐渐增多,至滨州地区以氯化物为主,再往东与三角洲滨海盐土相接。而滨海区又分为滨海盐土和滨海潮土两类。

滨海盐土分布于地面高程 3.5m 以上地区，pH 值范围是 7.2 ~ 8.5，有机质含量平均 0.78 ~ 0.83。盐分以氯化钠为主，Cl^- 占阴离子总量的 80% ~ 90%；阳离子

地下水、矿化度及盐土特征　　表 1-2

地区	地下水			盐土分布面积及类型		
	埋深（m）	矿化度（g/L）	占地面积（%）	氯化物盐土（亩）①	硫酸盐氯化物（亩）	氯化物硫酸盐（亩）
菏泽	<1	<0.5	2.29	44 238	0	0
	1 ~ 2	0.5 ~ 2	92.6			
	2 ~ 3	2 ~ 5	4.87			
	3 ~ 5	5 ~ 10	0.22			
	>5	>10	0.003			
聊城	<1	<0.5	7.85	38 121	64 652	123 679
	1 ~ 2	0.5 ~ 2	75.36			
	2 ~ 3	2 ~ 5	16.04			
	3 ~ 5	5 ~ 10	0.75			
	>5	>10				
德州	<1	<0.5	2.95	0	0	397 930
	1 ~ 2	0.5 ~ 2	74.57			
	2 ~ 3	2 ~ 5	21.57			
	3 ~ 5	5 ~ 10	0.95			
	>5	>10	0.02			
滨州	<1	<0.5	0.28	391 892	8 240	0
	1 ~ 2	0.5 ~ 2	43.73			
	2 ~ 3	2 ~ 5	31.17			
	3 ~ 5	5 ~ 10	6.26			
	>5	>10	12.70			
东营	<1	<10.5	2.5	海土　滨盐 海土　滨潮		
	1 ~ 2	0.5 ~ 2	12.21			
	2 ~ 3	2 ~ 5	18.87			
	3 ~ 5	5 ~ 10	14.18			
	>5	>10	52.24			

①1 亩 = 666.66m^2。

以 Na^+、K^+ 为主，Na^+ 占阳离子总量的 70% ~80%；Na^+、Mg^+、Ca^{2+} 离子含量的比例为 7:2:1。潜水埋深 2 ~3m。矿化度 >3g/L，最高可达 46.7g/L。滨海滩滩盐土布于地面高程小于 3.5m 以下地区，黄河泥沙沉积后，又经海潮多次浸渍而成。土壤盐分以氯化物为主，$Cl^- + Na^+$ 占含盐量的 80% 以上。潜水埋深 1.3 ~1.5m，矿化度 >50g/L。

地下水矿化类型随潜水的埋深而变化。埋深 >3m，矿化类型为以 HCO_3、Ca、HCO_2—SO_4—Na、HCO_2—Cl—Na 为主，Cl—HCO_2—Na 次之。埋深 2 ~3m，Cl—HCO_2—Na 为主，Cl—Na—Mg 次之。埋深 1.5 ~1.3m，Cl—HCO_2—Na 型次之，属氯化物钠型、氯化物钠镁型。

3. 土的主要化学成分和矿物组成

对东营胜利黄河大桥—东营港方向 60km 范围内土样进行成分分析，结果见表 1-3 和表 1-4。化学成分的特点是高硅（Si）、铝（Al），次为钙（Ca）。钾、钠（$K_2O + Na_20$）含量较少，硅铝率高。pH 值范围是 7.1 ~8.6，平均为 7.7。水溶盐以 Cl^- 和 Na^+ 为主，属氯盐碱性土。

黄泛区粉土的化学成分表　　表 1-3

土样编号	有机质	烧失量	pH	FeO^+	AlO	CaO	MgO	SiO	SiO^+	TiO^+	K_2O	Na_2O
A_1	1.37	10.74	7.5	4.91	13.15	12.51	5.99	51.08	3.88	6.45	2.06	1.88
A_2	0.55	5.92	7.1	3.49	12.42	9.57	2.54	66.97	5.39	1.80	1.90	2.02
B	1.33	13.81	8.4	6.05	15.50	12.69	4.03	50.02	3.23	1.89		
C_1	0.74	6.98	8.6	3.96	13.75	10.87	4.8	56.8	4.12	4.03	1.82	1.90
C_2	0.55	6.72	7.1	3.39	10.49	5.6	1.84	66.64	6.35	0.804	2.07	1.85
D_1	1.27	10.19	7.5	5.32	12.27	11.44	3.44	54.86	4.47	5.63	2.18	1.62
D_2	0.75	6.77	7.9	3.65	9.83	9.11	3.08	63.95	6.51	5.50	1.92	2.02
E	0.57	6.03	8.2	3.62	12.12	7.10	4.88	67.87	5.60		1.95	2.18

注：采用 X 射线衍射和硅酸盐化学分析法综合测得。

矿物成分的特点是：非黏土矿物含量占 74%，最高达 89%，主要有石英、长石、碳酸盐矿物、云母及重矿物，微量角闪石。与黄土高原及黄河中游第四系沉积地层相比，碳酸盐矿物含量较丰富。以 $CaCO_3$ 为主，最高为 15%，平均

11.14%。碳酸盐含量高的原因,一方面,是黄土高原第四系沉积物中含有丰富的碳酸盐矿物,另一方面,是黄河三角洲地区降雨量小,蒸发量大,在表层沉积物沉积过程中,受到海水顶托、侧渗以及高矿化度地下水作用,含 $Ca(HCO_3)_2$ 的溶液在近地表部位由于蒸发而浓缩,形成泥晶方解石沉淀,同时降低了地下水中 Ca^{2-} 和 HCO^- 的含量。此外,干旱气候下,通过毛细管蒸发、浓缩作用,下伏含盐量高的滨海冲(淤)泥质沉积物中,盐分含量上升,使表层黄河冲(淤)积物盐碱化,形成碳酸盐及其他盐类矿物,使碳酸盐矿物含量增高。

黄泛区粉土的矿物成分表 表 1-4

矿物大类	非黏土矿物含量(%)							黏土矿物相对含量(%)			
矿物名称	总量	石英	长石	云母	方解石	白云石	角闪石	蒙脱石	伊利石	高岭石	缘泥石
A_1	60	20	20	10	7	3	微	28	49	10	13
A_2	83	30	25	10	10	5	3	27	52	9	12
C_1	70	30	20	10	7	3	微	26	53	9	12
C_2	78	28	30	10	7	3	微	28	50	10	13
D_1	61	21	20	10	10		微	24	53	10	13
D_2	89	33	30	10	10	3	3	28	52	9	11
E	78	33	25	10	7	3	微	29	50	7	11

注:采用 X 射线衍射测得。

黏土矿物含量低,平均占 26%,最低占 11%。以伊利石、蒙脱石为主,两者平均含量占黏土矿物含量的 79%,最高达 84%。纯伊利石占总量的 51%,次为绿泥石和高岭石。伊利石含量继承了黄河中游地区黄土中的黏土矿物特征,而蒙脱石含量高则是因三角洲陆相沉积物沉积过程中受海洋顶托、侧渗作用,沉积物间隙水富含 K^+、Na^+、Ca^{2+}、Mg^{2+} 等离子,在碱性环境下,Ca^{2+} 和 HCO_3^- 易结合成 $CaCO_3$ 沉淀,Mg^{2+} 则易替代伊利石和高岭石晶格中的 Al^{3+},而形成蒙脱石。由绿泥石的能谱分析谱图(图 1-6)可见,铁峰十分明显,它是贫氧富铁的滨海沉积环境里形成的“鲕绿泥石”。

上述黏土矿物属层状结构的硅酸盐矿物。

土的可稳定性取决于土中黏土矿物的含量和种类,不同的黏土矿物,结构不

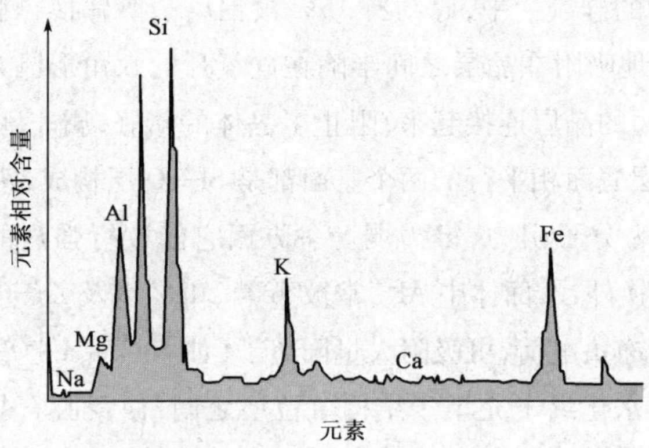

图 1-6 东营胜利大桥处土中绿泥石的分析谱图

同,则具有不同的胶体吸附作用和阳离子交换能力。上述黏土矿物属层状结构,如图 1-7 所示。

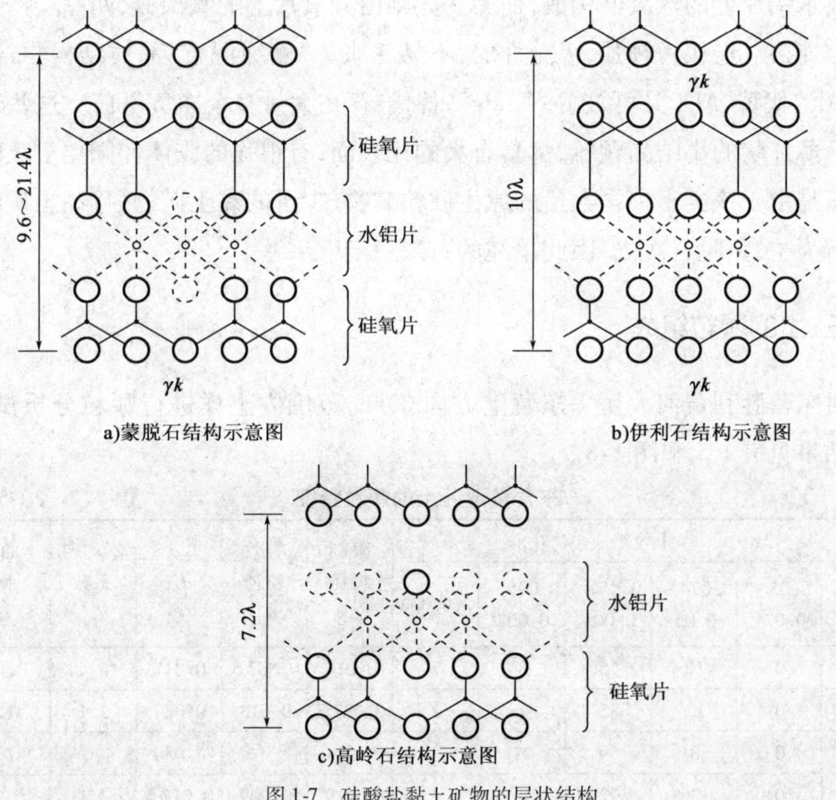

图 1-7 硅酸盐黏土矿物的层状结构

伊利石矿物的硅氧片中，硅约有15%被铝离子所置换，剩余较多的净负电荷，K^+便被强烈地吸附在晶层之间半陷在硅氧片的六角形晶穴内，起着键桥一样的作用，把两边的晶层连接起来，阻止了晶体的膨胀，属非涨缩性矿物。蒙脱石类矿物，与晶层底面相平行的两个基面都是Si—O层构成，两面都是氧离子通过"氧键"联系，为分子引力，键力弱。一方面它能进行强烈的同晶置换，即除Si^{4+}可被Al^{3+}替换外，八面体中Al^{3+}常被Fe^{2+}、Mg^{2+}以及Zn^{2+}等代替，使八面体片上出现多余的净负电荷，可吸附大量阳离子(如Na^+、Ca^{2+}等)，阳离子吸引极性水分子而成为水化离子充填于结构单位层之间，使蒙脱石晶格活动性很大。在层间除能进入交换阳离子和吸附大量水分子外，同时也能进入有机液体，因此，它具有强的吸湿性，易吸水膨胀，具大的压缩性，高的阳离子吸附性。高岭石类矿物，由一层硅氧片和一层水铝片相迭合而成，两晶片重叠时，相邻的两表面，一方由水铝片上的氢氧群构成，而另一方则由硅氧片上的氧构成，两晶层产生了氢氧键连接。连接力较强，吸湿性弱，不易膨胀。"鲕绿泥石"晶体结构中，部分硅被Al^{3+}代替，Al^{3+}又可被Fe^{2+}、Mg^{2+}替代，存在大量多余净负电荷。这些黏土矿物呈薄片状的小结晶颗粒，都具有大的比表面，有很强的胶体和阳离子吸附能力。正是由于该类土中含大量的原生砂粒矿物、少量的黏土矿物，且黏土矿物以伊利石为主，蒙脱石次之，因此单纯的石灰稳定效果差。

三、土的颗粒组成

对东营胜利黄河大桥—东营港方向60km范围内土样进行颗粒分析试验，试验结果见表1-5和图1-8。

东营黄泛区土的颗粒特征　　表1-5

土样编号	土粒组成(%)					限制粒径 d_{60}	有效粒径 d_{10}	d_{30}	不均匀系数 C_u	曲率系数 C_c
	0.25～0.074	0.074～0.05	0.05～0.005	0.005～0.002	<0.002					
A_1	0	10	75	8	7	0.016	0.0025	0.011	6.4	3.025
A_2	0	12	85	1	2	0.0275	0.013	0.025	2.1	1.7
B	0	0	59	21	20	0.044		0.034		
C_1	0	3	92	2	3	0.019	0.009	0.0175	2.1	1.79

续上表

土样编号	土粒组成(%)					限制粒径 d_{60}	有效粒径 d_{10}	d_{30}	不均匀系数 C_u	曲率系数 C_c
	0.25 ~ 0.074	0.074 ~ 0.05	0.05 ~ 0.005	0.005 ~ 0.002	<0.002					
C_2	0	28	66	2	4	0.031	0.011	0.025	2.8	1.83
D_1	0	9	89	1	1	0.015 5	0.008 6	0.013 5	1.8	1.37
D_2	0	23	73	2	2	0.036 5	0.013 5	0.03	2.7	1.826
E	0	12	84	2	2	0.026	0.011 3	0.022 5	2.3	1.72
S	0	28	63	4	5	0.03	0.006	0.025	5	3.75

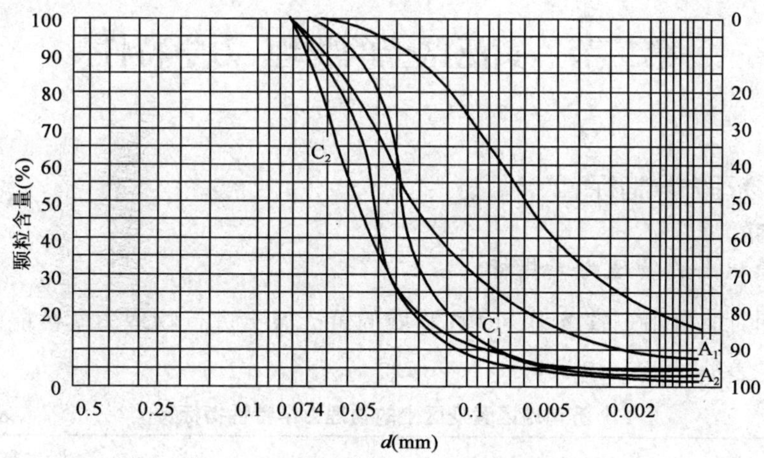

图 1-8 黄泛区土的粒径分布曲线

由表 1-5、图 1-8 可见，黄泛区土的颗粒主要是集中于 0.074 ~ 0.002mm 的粉粒，粉粒含量一般高达 90% 以上，黏粒含量不足 10%。局部区域黏粒含量较高，但粉粒含量也在 80% 以上，黏粒含量不足 20%。不均匀系数 C_u(d_{60}/d_{10})一般小于 5，为匀粒土，级配不良。尽管土样 A_1 的不均匀系数 $C_u>5$，但其曲率系数 C_c 较大，级配也不理想。

表 1-6 是分别取自滨州黄河大桥、东营孤岛和济南历城区的黄泛区粉质土，黏粒含量分别为 4%、3.5% 和 12.7%，土样 2、土样 3 的粉粒（粒径在 0.007 4 ~ 0.002 的颗粒）含量分别为 72%、84.2%。土样 1 靠近黄河河道，砂粒含量高，粉粒和砂粒分别为 55.7%、40.2%，为含砂低液限粉土。

黄泛区土的颗粒分布(%)　　表 1-6

粒径(mm)	>0.5	0.5~0.25	0.25~0.074	0.074~0.05	0.05~0.01	0.01~0.005	<0.005	<0.002
土样 1	0.0	0.1	40.1	39.4	13.6	1.2	5.5	4.0
土样 2	0.0	0.0	24.5	36.4	32.9	2.0	4.3	3.5
土样 3	0.0	1.8	1.3	14.7	52.1	9.3	20.8	12.7

注:土样 1、土样 2、土样 3 分别取自滨州黄河大桥、东营孤岛和济南历城区。

由此可见,黄泛区土质一般以粉粒为主,粉粒含量高达 70% 以上,级配不良。靠近黄河河道的土质含较多的砂粒。

第二节　黄泛区土的物理、力学特性

一、物理力学指标

1. 原状土的物理力学指标

分别对取自山东省济南、东营、聊城的黄泛区土进行物理力学性能测试,试验结果见表 1-7 ~ 表 1-9。

济南地区黄泛区土的物理力学特性指标　　表 1-7

取样点	土样分类	取土深度(m)	天然含水率 w_o(%)	湿密度 ρ_o(g/cm^3)	液限 W_L(%)	塑性指数 I_P	初始孔隙比 e_o	压缩系数 $a_{100\sim200}$(MPa^{-1})	压缩模量 E_s(MPa)
平阴黄河大桥	低液限粉土	2.00~2.20	29.1	1.98	30.0	10.0	0.76	0.16	10.7
	低液限黏土	3.00~3.20	34.4	1.78	46.6	21.0	1.066		
	低液限粉土	4.30~4.50	36.8	1.87	33.6	6.0	0.968	0.13	13.7
	低液限粉土	6.80~7.00	32.6	1.86	28.5	9.0	0.925		
	低液限粉土	9.80~10.0	18.1	2.07	27.0	10.0	0.540	0.30	5.2
	低液限黏土	13.0~13.2	19.9	2.11	29.1	11.0	0.534		
济南黄河二桥	低液限粉土	2.00~2.20	24.5	1.97	27.0	7.0	0.700	0.13	13.2
	低液限黏土	3.00~3.20	32.2	1.90	34.7	13.0	0.886	0.34	5.6
	低液限黏土	4.30~4.50	30.8	1.88	31.7	11.0	0.879		

续上表

取样点	土样分类	取土深度 (m)	天然含水率 w_o (%)	湿密度 ρ_o (g/cm^3)	液限 W_L (%)	塑性指数 I_P	初始孔隙比 e_o	压缩系数 $a_{100\sim200}$ (MPa^{-1})	压缩模量 E_s (MPa)
济南黄河二桥	低液限粉土	6.80~7.00	33.0	1.93	28.4	9.0	0.861	0.11	15.9
	低液限黏土	9.80~10.0	21.1	2.05	27.2	11.0	0.595	0.14	11.1
	低液限黏土	16.1~16.4	21.4	1.87	34.5	16.0	0.766	0.38	4.6

东营地区黄泛区土的物理力学指标　　表 1-8

试验点	土样名称	取土深度 (m)	天然含水率 w_o (%)	湿密度 ρ_o (g/cm^3)	液限 W_L (%)	塑性指数 I_P	初始孔隙比 e_o	压缩系数 $a_{100\sim200}$ (MPa^{-1})	压缩模量 E_s (MPa)	前期固结压力 P_c (kPa)	渗透系数 K_{20} (cm/s)
黄河故道	低液限黏土	2.0~2.2	26.3	1.86	48.7	25.5	0.847	0.303	6.085		4.13×10^{-6}
	低液限粉土	2.3~2.5	24.3	2.01	30.6	9.9	0.682	0.148	11.348		4.91×10^{-6}
	低液限黏土	2.7~2.9	30.2	1.90	42.2	16.1	0.871	0.349	5.357		5.71×10^{-6}
	低液限粉土	3.0~3.2	27.2	1.97	31.0	9.3	0.762	0.183	9.615	160.9	2.75×10^{-5}
	高液限黏土	5.0~5.2	34.6	1.90	51.4	23.6	0.933	0.363	5.319	119.0	1.71×10^{-7}
	低液限粉土	8.7~8.9	22.4	2.03			0.640				
	低液限粉土	9.0~9.2	24.9	1.94			0.751				
	低液限粉土	10.8~11.0	28.4	1.95	30.9	8.9	0.797	0.187	9.615	147.2	
	低液限黏土	12.5~12.7	41.3	1.77	46.0	20.9	1.171	0.856	2.535	83.0	1.40×10^{-5}
	低液限粉土	14.0~14.2	37.6	1.80	32.8	10.2	1.087	0.640	3.263	98.2	9.82×10^{-8}
	低液限黏土	15.7~15.9	47.7	1.93	46.0	20.1	1.089	0.246	8.475	249.5	8.61×10^{-6}
	低液限粉土	17.1~17.3	22.8	2.02	31.8	9.4	0.653	0.116	14.286	250.9	9.56×10^{-5}
孤岛水库	低液限粉土	3.2~3.4	29.2	2.00	32.7	9.7	0.757	0.136	12.903	184.3	2.94×10^{-5}
	低液限粉土	3.6~3.8	23.7	2.03	31.1	8.4	0.657				
	低液限黏土	5.0~5.2	32.4	1.98	46.7	20.6	0.826	0.259	7.042	217.5	9.22×10^{-7}
	低液限黏土	6.6~6.8	37.0	1.75			1.137				
	低液限粉土	8.0~8.2	29.4	1.98			0.778				
	低液限黏土	9.7~9.9	26.6	2.01	33.7	11.1	0.713	0.159	10.753	301.0	4.07×10^{-6}
	低液限粉土	11.5~11.7	26.3	1.99	31.1	10.9	0.726	0.171	10.117		1.15×10^{-5}
	低液限黏土	13.5~13.7	49.6	1.83	48.1	23.1	1.240	0.698	3.210	66.0	1.26×10^{-5}
	低液限黏土	16.4~16.6	46.6	1.72	47.7	22.7	1.327	1.016	2.291	72.2	5.45×10^{-7}
	低液限粉土	17.7~17.9	26.5	2.00	30.9	6.8	0.727	0.094	18.349	248.7	
	低液限黏土	20.1~20.3	34.0	1.93	35.0	11.0	0.889	0.324	5.838		3.04×10^{-6}

续上表

试验点	土样名称	取土深度(m)	天然含水率 w_o(%)	湿密度 ρ_o(g/cm³)	液限 W_L(%)	塑性指数 I_P	初始孔隙比 e_o	压缩系数 $a_{100\sim200}$(MPa⁻¹)	压缩模量 E_s(MPa)	前期固结压力 P_c(kPa)	渗透系数 K_{20}(cm/s)
付窝	低液限黏土	1.7~1.9	25.7	1.96	48.1	22.6	0.751	0.325	5.391	137.0	1.36×10^{-5}
	低液限粉土	3.2~3.4	26.5	1.91	30.9	9.7	0.801	0.246	7.338		1.44×10^{-5}
	低液限粉土	6.0~6.2	26.4	1.93	30.1	8.0	0.781	0.232	7.666		6.19×10^{-6}
	低液限黏土	6.4~6.6	22.9	2.03	33.6	11.4	0.646	0.173	9.536		1.40×10^{-5}
	级配不良砂	7.9~8.1	21.7	2.0			0.649	0.095	17.299		
	含细粒土砂	9.5~9.7	20.5	2.03			0.614	0.062	25.873		
	含砂低液限粉土	11~11.2	21.0	2.01			0.632	0.087	18.710		

聊城地区黄泛区土的物理力学指标 表 1-9

试验点	土样名称	取土深度(m)	天然含水率 w_o(%)	湿密度 ρ_o(g/cm³)	液限 W_L(%)	塑性指数 I_P	初始孔隙比 e_o	压缩系数 $a_{100\sim200}$(MPa⁻¹)	压缩模量 E_s(MPa)	前期固结压力 P_c(kPa)	渗透系数 K_{20}(cm/s)
济聊高速服务区	低液限黏土	1.9~2.1	34.3	1.83	46.9	20.4	1.003	0.616	3.249		3.85×10^{-7}
	低液限黏土	3.1~3.3	42.0	1.78	47.5	22.0	1.185	0.543	4.024		1.13×10^{-4}
	低液限粉土	3.6~3.8	29.9		30.4	8.7					
	高液限黏土	5.3~5.5	43.3	1.81	59.1	30.3	1.169	0.513	4.232		1.60×10^{-6}
	高液限黏土	5.6~5.8	31.1	1.92	62.5	28.0	0.863	0.543	3.429		5.10×10^{-7}
	低液限粉土	7.4~7.6	27.7	1.97	30.8	8.3	0.763	0.108	16.307		1.93×10^{-5}
	含砂低液限粉土	8.5~8.7	22.7	1.98			0.686				
	低液限黏土	10.8~11.0	28.1	1.94	31.1	11.0	0.797	0.163	11.028		8.89×10^{-6}
	低液限黏土	13.0~13.2	30.6	1.94	47.6	22.1	0.838				
	低液限黏土	14.8~15.0	24.0	2.04	47.3	22.3	0.653	0.229	7.222		8.55×10^{-7}
	低液限黏土	16.8~17.0	19.5	2.00			0.625				
	低液限粉土	19.6~19.8	18.1	2.04	25.3	5.5	0.575	0.085	18.575		8.45×10^{-5}

续上表

试验点	土样名称	取土深度（m）	天然含水率 w_o（%）	湿密度 ρ_o（g/cm³）	液限 W_L（%）	塑性指数 I_P	初始孔隙比 e_o	压缩系数 $a_{100\sim200}$（MPa⁻¹）	压缩模量 E_s（MPa）	前期固结压力 P_c（kPa）	渗透系数 K_{20}（cm/s）
洪流	低液限黏土	1.5～1.7	25.0	1.92	44.7	18.3	0.777	0.222	8.020		1.09×10^{-6}
	高液限黏土	3.8～4.0	30.9	1.93	63.8	28.3	0.852	0.265	6.979		3.76×10^{-7}
	高液限黏土	5.8～6.0	35.1	1.85	61.3	27.6	0.994	0.186	10.739		
	低液限粉土	6.2～6.4	29.9	1.86			0.893				
	低液限粉土	7.4～7.6	24.5	1.95	30.0	5.2	0.737	0.134	12.971		3.08×10^{-5}
	低液限黏土	9.4～9.6	26.3	2.03	34.4	11.2	0.693	0.174	9.731		2.02×10^{-5}
	低液限粉土	16.9～17.1	18.5	2.04	30.6	7.4					4.07×10^{-5}
	低液限粉土	19.0～19.2	27.3	2.01	33.9	10.7	0.735	0.169	10.250		9.30×10^{-6}
陈楼	高液限黏土	1.4～1.6	31.0	1.88	63.7	28.8	0.889	0.218	8.658	280.0	3.63×10^{-8}
	低液限粉土	2.8～3.0	25.3	1.98	31.0	6.8	0.728	0.094	18.349	295.0	1.01×10^{-5}
	低液限粉土	5.8～6.0	23.7	1.94	30.1	7.5	0.735	0.108	16.129	310.0	1.27×10^{-5}
	低液限粉土	7.0～7.2	28.3	1.94	30.1	8.5	0.806	0.135	13.333	350.0	9.75×10^{-6}
	低液限粉土	9.0～9.2	23.0	2.04	29.6	7.6	0.640	0.095	17.241	360.0	1.04×10^{-5}
	低液限粉土	10.8～11.0	24.2	2.00	29.5	4.8	0.689	0.133	12.739	326.9	1.09×10^{-5}
	低液限粉土	12.3～12.5	18.7		25.8	5.1					
	低液限粉土	14.1～14.3	24.8	2.02	30.5	7.4	0.686	0.162	10.417	336.2	9.44×10^{-6}
	低液限粉土	16.0～16.2	22.5	2.05	30.8	8.7	0.626	0.225	7.220	261.0	7.11×10^{-6}
	低液限粉土	17.8～18.0	21.6	1.98	30.0	7.3	0.665	0.089	18.692	280.6	1.66×10^{-5}
	含细粒土砂	18.6～18.8	22.1	1.89							
	含细粒土砂	21.3～21.6	17.8	1.86			0.710	0.082	20.833	350.0	
	含砂粉土	22.2～22.4	27.2	1.91							
田庄	低液限黏土	7.5～7.7	35.9	1.85	41.6	13.2	1.006	0.327	6.137		7.11×10^{-7}
	低液限粉土	9.3～9.5	23.8	1.98	31.6	7.9	0.701	0.105	16.212		1.79×10^{-5}
	低液限粉土	11.8～12.0	29.2	1.94	31.5	9.7	0.804	0.090	20.000	220.3	8.55×10^{-6}
	低液限粉土	13.5～13.7	25.5	1.98	30.6	8.7	0.717	0.131	13.072	227.6	7.72×10^{-6}
	低液限粉土	13.9～14.1	23.6	2.01	31.2	6.2	0.667	0.130	12.821	234.1	1.12×10^{-5}
	低液限粉土	15.7～15.9	22.7	1.97	30.0	7.6	0.687	0.100	16.807	304.1	1.01×10^{-5}

由表可见，土质以低液限粉土为主，其次为低液限黏土，局部夹有高液限黏土层。对于低液限粉土，塑性指数一般在10左右。土的压缩系数一般在0.1～0.5MPa^{-1}之间，属中压缩性土。除个别地区偶有压缩系数较大的土层外，总体分布较均匀。粉土层压缩系数相对较小，渗透系数较大，该层产生的沉降相对较小且固结较快；黏土层压缩系数较大，渗透系数较小，固结速度慢，工后沉降主要发生在该类土层。个别地区偶有粉土质砂，层厚较小，渗透性较好，有利于固结排水。尽管地质分层较多，除少数地方力学性质差别大外，总体差异不大。

2. 压实土的力学参数

(1)回弹模量

由于回弹模量能较好地反映土基所具有的部分性质，所以，在以弹性半空间体地基模型表征土基的受力特性时，可以用回弹模量表示土基在瞬时荷载作用下的可恢复变形性质。

采用承载板法对济南市典型黄泛区粉土进行回弹模量试验。粉土的物理指标见表1-10。为了分析压实度和含水率对粉土回弹模量的影响，分别在85%、90%、92%、93%、94%、96%的压实度，13.44%、15.44%、17.44%、19.44%的含水率下制备土样，最终含水率以回弹模量试验后实测试样的含水率值为准。试验结果见表1-11、图1-9。

粉土的物理指标 表1-10

小于某颗粒的颗粒含量(%)						最佳含水率 w_0 (%)	最大干密度 ρ_{dmax} (g/cm^3)	塑性指数
<0.25	<0.074	<0.05	<0.01	<0.005	<0.002			
99.68	60.68	23.68	10.08	9.6	4.0	13.44	1.76	9.8

室内粉土回弹模量数据 表1-11

压实度(%)	含水率(%)			
	13.24	14.92	17.46	18.92
85	34.8	33.5	28.3	20.02
90	34.5	37.06	24.4	25.78
92	34.17	41.59	37.92	24.88
93	37.71	35.14	29.21	28.64
94	44.48	35.6	36.92	33.02
96	48	40	35	27

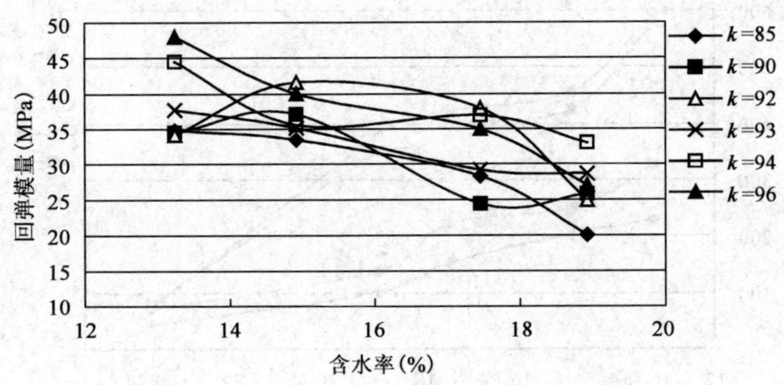

图 1-9　粉土在不同压实度下含水率与回弹模量的关系

一般认为,回弹模量随压实度的增大而增大,随含水率的增加而减小。表 1-10和图 1-9 也显示,随含水率的增大,土样回弹模量总体呈下降趋势,但90%、92%、94%压实度下的试件,回弹模量随含水率的升高先升高后降低。甚至不同压实度的试样在某一含水率时,都会出现压实度小的试件的回弹模量值大于压实度大的试件的回弹模量值。如在含水率 $w = 14.92\%$、$w = 17.46\%$ 时,92%压实度试件的回弹模量值比其他四个压实度的模量值大;在 $w = 14.92\%$ 时,90%区和 92%区的回弹模量值都比各自在 13.24%含水率的值大。

在 90%和 92%压实度下的这种异常是否表明局部范围内含水率增加而试件的支撑能力反而会增强呢?表 1-12 和图 1-10 显示了不同压实度试件的含水率与应力级位的关系。表 1-12 和图 1-10 表明,在不同的压实度下,试样强度仍随压实度减小、含水率的增大而下降。因此,某些压实度下的黄河冲(淤)粉土在高含水率的情况下回弹模量未必真正反映路基的支撑能力。

不同压实度下含水率与最大级位应力值(kPa)　　表 1-12

压实度(%)	含水率(%)				
	13.24	14.92	17.46	18.92	23.61
85	230	204	153	102	42
90	325	250	225	140	70
92	475	280	240	220	75
93	475	365	300	260	75
94	580	425	400	350	80
96	595	455	425	380	75

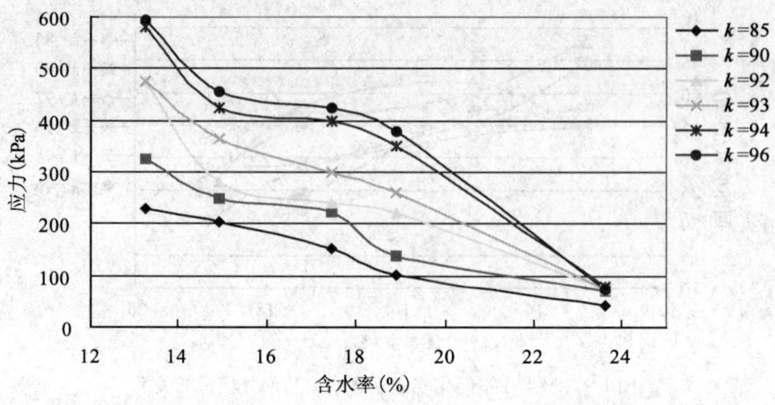

图 1-10　粉土不同压实度下最大级位应力

上述反常现象是由土的弹塑特性引起的。土样在外部应力的作用下的应变由弹、塑性应变组成，回弹模量是应力与对应应变中的弹性应变的比值。压实度与含水率可以在一定程度上改变粉土的弹塑性性质，使弹性变形在总变形中的比例发生变化，从而使回弹模量 E 表现出与承载力不一致的假象。如表 1-13 和表 1-14 所示，在 92% 压实度下，$w=13.24\%$ 时，回弹变形占总变形的 73.47%；当 $w=14.92\%$ 时，回弹变形仅为总变形的 32.22%。14.92% 含水率，最大级位应力 239kPa 时的回弹模量值为 47.13MPa；13.24% 含水率，最大级位应力为 475kPa 时的回弹模量却仅为 40.91MPa。

回弹模量试验记录(强度仪法)　　表 1-13

土样说明		粉　土	含水率 $w=13.24\%$		$K=92\%$		试验日期		05.12.28
加载级数	单位压力	压力计读数	量表读数(0.01mm)						回弹变形(0.001mm)	回弹模量(MPa)
			加载			卸载				
			左	右	平均	左	右	平均	读数值	
1	51	0.10	5.00	8.50	6.75	0.00	0.00	1.00	5.75	30.52
2	102	0.20	12.00	13.50	12.75	0.50	1.50	1.00	11.75	29.87
3	153	0.30	18.50	20.00	19.25	2.00	2.50	2.25	17.00	30.97
4	204	0.40	27.50	26.00	26.75	7.00	4.50	5.75	21.00	33.43
5	306	0.60	43.50	41.00	42.25	15.00	12.00	13.50	28.75	36.63
6	382	0.75	62.50	59.50	61.00	28.50	23.50	26.00	35.00	37.61
7	475	0.95	92.50	89.50	91.00	52.50	48.00	50.25	40.75	40.91

回弹模量试验记录(强度仪法)　　表 1-14

土样说明		粉　土	含水率 w = 14.92%		K = 92%	试验日期			05.12.28
加载级数	单位压力	压力计读数	量表读数(0.01mm)						回弹模量(MPa)
			加载			卸载			
			左	右	平均	左	右	平均	回弹变形(0.001mm)读数值	
1	51	0.10	7.50	8.00	7.75	3.50	4.00	3.75	4.00	43.88
2	102	0.20	21.00	22.50	21.75	12.50	13.50	13.00	8.75	40.11
3	153	0.30	38.50	41.00	39.75	27.50	29.50	28.50	11.25	46.80
4	204	0.40	65.00	66.00	65.50	49.00	53.00	51.00	14.50	48.41
5	239	0.47	93.00	93.50	93.25	75.00	76.50	75.75	17.50	47.13

(2)加州承载比(CBR 值)

加州承载比 CBR 是美国加利福尼亚州提出的一种以材料抵抗局部荷载压入变形的能力来表征土基承载能力的指标。

$$CBR = \frac{p}{p_s} \times 100\%$$

式中:p——对于某一贯入度的土基单位压力,kPa;

p_s——与土基贯入度相同的标准单位压力,kPa。

试验时,用一个面积为 19.35cm^2 的标准压头,以 1.27mm/min 的速率压入土中,记录每贯入 2.54mm 时,单位压力与标准压力之比的百分数为土基的承载比。标准压力值是用高质量的碎石材料试验而得。

现行《公路路基设计规范》(JTG D30—2004)关于高速公路、一级公路路基土的 CBR 要求见表 1-15。

路基土 CBR 值要求　　表 1-15

项目分类	路基面底面以下深度(cm)	高速公路	
		压实度(%)	填料最小强度(CBR)(%)
上路床	0~30	≥96	8
下路床	30~80	≥96	5
上路堤	80~150	≥94	4
下路堤	150 以下	≥93	3

表1-10所示粉土的CBR值见表1-16。

粉土在不同压实度下CBR值　　表1-16

压实度(%)	85	90	92	93	95	97
CBR(%)	4.37	4.52	4.98	5.47	7.17	7.96

由表1-16可见,黄泛区粉土的CBR偏低,97%压实度下的CBR不能满足现行设计规范关于上路床CBR值大于8%的基本要求。

(3)抗剪强度指标

采用不固结不排水三轴压缩试验测得不同含水率下压实粉土(96%压实度)抗剪强度指标见图1-11。

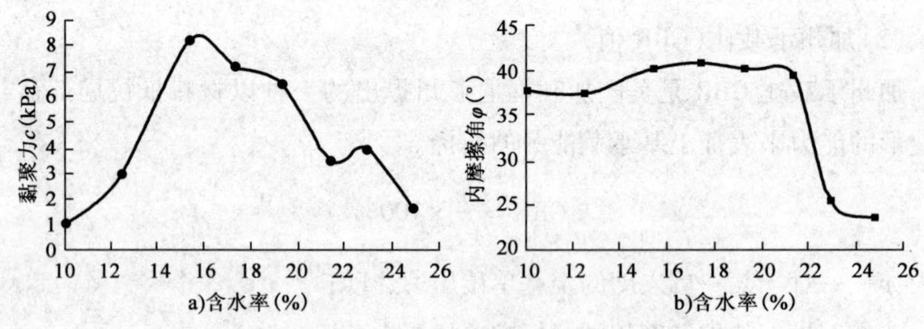

图1-11　不同含水率条件下黄泛区粉土抗剪强度指标

图1-11显示,含水率对黄泛区非饱和土抗剪强度影响显著。含水率<22%时,含水率对内摩擦角φ值的影响相对平稳,但含水率超过22%后,φ值随含水率的增大而急剧降低,降低幅度达42%。

(4)变形模量

采用不固结不排水三轴压缩试验测试不同含水率下粉土(96%压实度)的变形模量,试验结果见图1-12。

图1-12显示,不同固结压力下,$w < w_{opt}$时,粉土变形模量随含水率的增大而增大;当$w > w_{opt}$时,随含水率的增大,变形模量逐渐降低。

二、土的动力特性

土体在动力荷载下发生振动,土的强度和变形特性都要受到影响。其中土

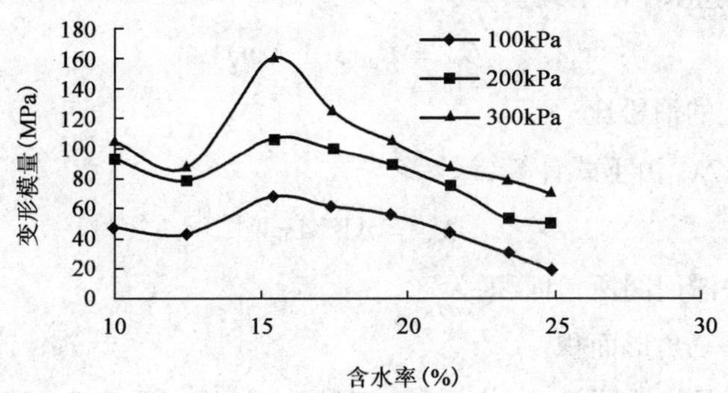

图 1-12　不同含水率条件下黄泛区粉土变形模量

体液化对建筑结构的影响最大，是土动力特性的重要研究领域。在很长一段时间内，人们普遍认为只有砂土，甚至净砂才能发生液化。直到 1968 年 D'Appolonia 第一次考虑了粉粒和黏粒含量的影响，随后 Lee 和 Fitton，Gupta 和 Gangadhyay 先后提出了黏粒和粉粒对动强度的影响，这个阶段的试验研究多半是用人工配置的试料进行。1975 年海城地震和 1976 年唐山地震后，下辽河盘锦地区和天津沿海地区发生了大面积的粉土（当时称为轻亚黏土）液化喷出现象，从此，粉土液化特性和判别方法等研究课题逐渐引起了人们的重视。国内近年来相继开展了黄河三角洲等粉土、粉砂土、粉质黏土的动力特性研究，探讨了粉土的液化机制、液化特性及液化模式，对地震作用下的地基动承载力以及粉土的震陷量进行了估算，并对黄河三角州地区地震砂土液化进行了区划和预测评价。贾永刚等还通过现场振动试验，研究了黄河口海床粉土在波浪荷载下的强度的丧失、恢复过程及影响因素。道路、铁路路基在车辆荷载作用下动力响应特性的研究起步较晚，交通动荷载的传播规律、交通动荷载下的土体性质及其分析理论和方法尚待完善，黄泛区粉土路基在交通荷载作用下的动力响应特性尚不清楚。

动模量（包括动弹性模量 E_d 和动剪切模量 G_d）、动阻尼比 λ_d 是土的动力学特性指标。

动弹性模量是土在周期荷载作用下动应力与弹性应变之比，即

$$E_d = \sigma\lambda_d/\varepsilon_d \tag{1-1}$$

动剪切模量 G_d 由下式换算：

$$G_d = E_d/2(1+\nu) \tag{1-2}$$

式中：ν——土的泊松比。

动阻尼比 λ_d 由下式计算：

$$\lambda_d = \Delta W/4\pi W \tag{1-3}$$

式中：ΔW——滞回圈所包面积；

W——三角形面积。

表1-9所示粉性原状土，依据《土工试验规程》(SL 237—1999)，采用电磁式振动三轴仪进行动三轴试验测定的饱和粉土的动弹性模量和动阻尼比见表1-17。土的固结应力比取1.5，动泊松比取0.4，σ_3 分别取50、100、150和200kPa，施加正弦波形，f 取2Hz。

粉土的动模量和阻尼比　　表1-17

σ_3(kPa)	50	100	150	200
E_{dmax}(MPa)	108.67	154.58	185.72	236.94
G_{dmax}(MPa)	38.81	55.21	66.33	84.62
λ_{dmax}	25.6	24.5	23.2	21.8

关于黄泛区粉土的振动压实规律将在第三章介绍。

三、土的渗透性

1. 土的渗透系数

由于黄泛区土的颗粒以粉粒为主，粒度均匀级配差，粉土颗粒的磨圆度高，土的初始孔隙比高达0.5~1.3，渗透性大。表1-8、表1-9显示，天然土体的渗透系数一般在10^{-5}~10^{-6}间。黄泛区粉土击实试验分析表明，压实后的粉土，孔隙比仍在0.5~0.8之间，渗透性较大。

由于黄泛区土的渗透性较大，所示土体的渗透特性是工程开发活动中需要考虑的重要因素之一。中国海洋大学的陈勇等利用模拟加载渗透试验，研究了固结压力、渗透压力对黄河三角洲粉质土渗透系数的影响，得到土样在不同方向上渗透系数随固结压力和渗透压力变化而变化的规律，并通过扫描电镜试验，从微观结构上探讨了土体渗透系数变化规律的机理。华北水利水电学院的郭雪莽用改进的三轴仪,对取自黄河大堤开封段的土样进行了土水特性和渗透性试验,根据试验结果对非饱和土的土水特性进行分析,给出基质吸力随含水率变化的表达式,还进行了定性分析,并找出临界水力坡降与粉土物理性质指标之间的关系。

2. 土的毛细性质

黄泛区平原处于季节性冰冻区,其地下水位高,毛细水的上升直接影响土体的强度和稳定性。

采用直接观测法测试典型黄泛区平原低液限粉土的毛细水上升高度,结果如图 1-13 所示。

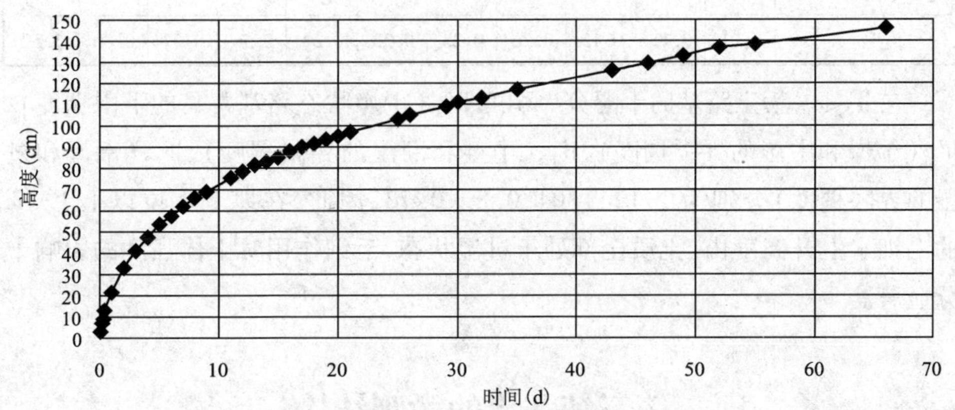

图 1-13　黄泛区粉土毛细水随时间上升的高度

由图 1-13 可见,黄泛区粉土的毛细水高度在初期的 10d 内上升较快,达 70cm 以上,其后上升越来越缓慢,至 66d 高度达 1.46m。毛细水作用强烈。

图 1-14 是不同毛细水高度区内土的含水率情况。

试验采用的粉土的液限 W_L 为 27,塑限 W_P 为 17.5,地下水位以上各层的土的稠度 W_C 按下式计算:

$$W_C = (W_L - W)/(W_L - W_P) \tag{1-4}$$

计算结果见表 1-18。

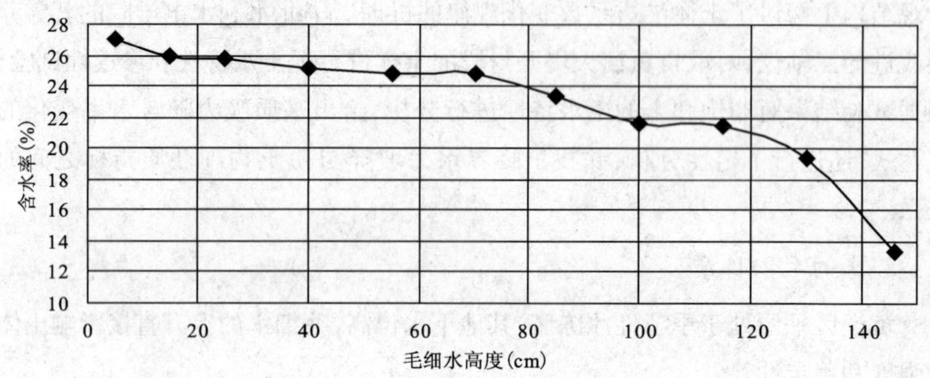

图 1-14 粉土不同毛细水高度区内的含水率

地下水位以上不同高度土的相对含水率 表 1-18

毛细水高度(cm)	5	15	25	40	55	70	85	100	115	130	146
W_C	0.01	0.11	0.13	0.20	0.23	0.23	0.38	0.56	0.57	0.80	1.52

在Ⅱ$_{5a}$区，粉土路基的干湿分界稠度 W_{C0}（干燥状态路基常见的下限稠度）、W_{C1}（干燥和中湿的界限稠度）、W_{C2}（中湿和潮湿的界限稠度）、W_{C3}（潮湿和过湿的界限稠度）分别为 1.12、1.04、0.89、0.73，因此，在地下水位以上 1.3m 的毛细水上升高度内，土质全部处于过湿状态，毛细作用对土体强度的影响十分显著。

第三节 土的微观结构

传统上认为，粗粒土经水流的长距离搬运作用，其磨圆度会明显提高，细粒土由于其质量较轻，搬运过程中碰撞、冲刷的动能较小，圆度一般不会发生变化。粉土颗粒尽管属于细粒土，但其质量、粒径介于粗粒土和黏粒之间，经水的长距离搬运后其颗粒结构是否会发生变化呢？为研究黄泛区粉土颗粒的结构，取济南地区典型黄泛区粉土，采用 JXA－8800R 型电子探针进行颗粒微观结构的分析。为对照黄泛区粉土颗粒与普通粉土颗粒的差异，取济南地区山前洪冲积粉土（筛除黏土颗粒）进行对比观测。粉土颗粒微观结构见图 1-15～图 1-17。

a)普通粉土含较多的针、片状颗粒（放大500倍）

b)黄泛区粉土片状颗粒极少（放大1 000倍）

图 1-15　黄泛区粉土与普通粉土针片状颗粒的对比

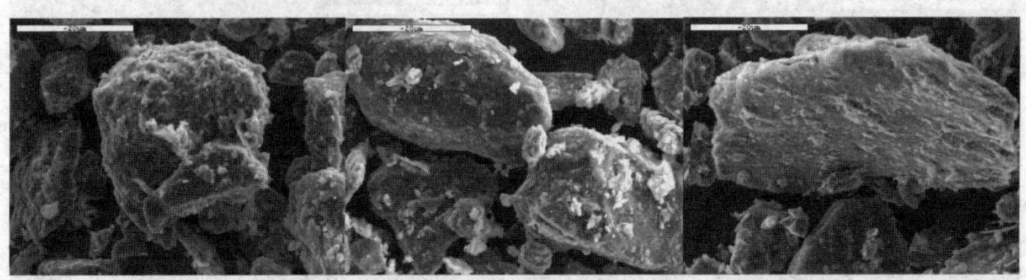

a)黄泛区粉土（放大2 000倍）

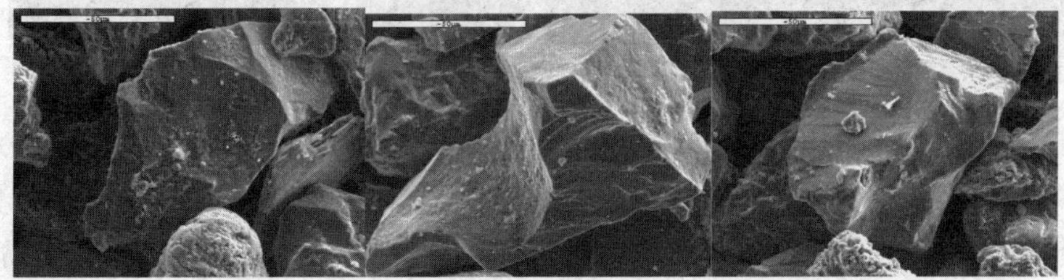

b)普通粉土（放大1 000倍）

图 1-16　黄泛区粉土与普通粉土的圆度对比

由以上图片可见，与普通粉土相比，黄泛区粉土颗粒磨圆度较高；其针片状颗粒少；经水的长时间浸泡侵蚀、颗粒撞击和水流冲刷作用，颗粒表层破碎、剥落严重，强度较低。因此，尽管粉土属于细粒组，在长距离的水流搬运过程中，由于粉土颗粒相对黏粒具有较大的质量、粒径，水流作用下粉土颗粒间仍会形成足够大的碰撞能量,使得粉土颗粒的圆度明显提高。

a)普通粉土颗粒（放大2 000倍）

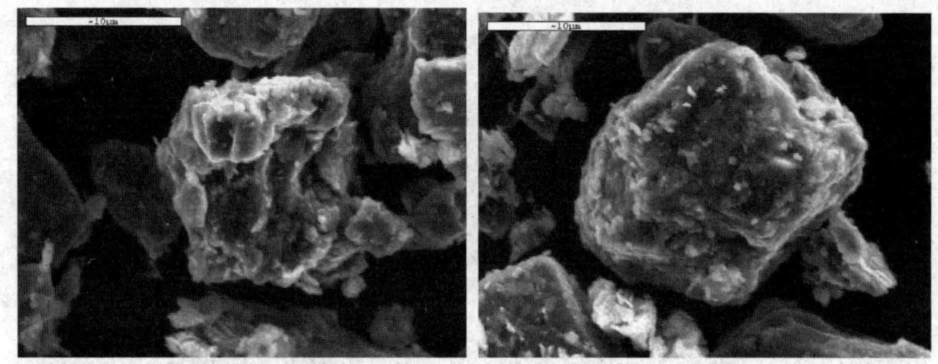

b)黄泛区粉土（放大4 000倍）

图 1-17　黄泛区粉土与普通粉土颗粒表层侵蚀剥落现象对比

由于黄泛区粉土颗粒磨圆度高,粒度均匀,颗粒表面剥落严重,碾压作用下颗粒间难以形成有效的颗粒嵌挤,在外力作用下容易发生颗粒间的相互错动。这是黄泛区粉土难以压实的关键原因。

第四节　黄泛区土的分类

黄泛区土主要为液限在 25% ~50% 之间,塑性指数一般在 6 以上,而粉粒含量一般在 80% 以上的粉质土。与一般土质不同,塑性指数在 11 以下和 11 以上,黄泛区粉质土表现出不同的压实性状。塑性指数不小于 11 的土表现出低液限黏土的性状;塑性指数在 11 以下的土表现出粉土的性状。因此,将黄泛区粉质土分为塑性指数小于或等于 11 的粉土(低液限粉土)和塑性指数介于 11 ~ 18 之间的粉质黏土(粉质低液限黏土)。其中低液限粉土分布最多,粉质黏土相对较少。

局部区域或土层,存在少量液限大于 50 的高液限粉土和高液限黏土。极个别区域出现塑性指数小于 6 的砂性粉质土,则表现出细砂粉土的性状。

第二章 黄泛区粉土的压实技术

土的压实是形成土体强度的基本措施之一。影响土压实的因素很多。土的颗粒组成与结构、压实的含水率、压实的能量、压实的工艺和方法等,均对土的压实形成较大的影响。在黄泛区,粉土分布最为广泛,是路基填筑的主要材料。黄泛区粉土在碾压时表层易失水松散,含水率高时碾压,粉土出现黏轮、“弹簧”等现象,干时静压易形成薄层气体屏障。碾压时颗粒间难以形成有效的颗粒嵌挤,在外力作用下容易发生颗粒间的相互错动,常规的压实方法和工艺难以压实。压实后土颗粒在动荷载作用下易发生颗粒移动,引起路堤的变形。按标准重型击实和常规的压实工艺填筑的粉土路基,道路运营后不久,沥青路面就出现不均匀沉陷变形、开裂等病害,这与路基压实不足、压实标准偏低或压实工艺不合理有关。

第一节 重型击实下的黄泛区土的压实规律

为对比分析黄泛区粉土压实规律,选择两种黄泛区粉土(粉土1:含砂低液限粉土,粉土2:典型低液限粉土),和两种黏土(黏土1:低液限粉质黏土,黏土2:高液限黏土)进行重型击实试验。所采用试验材料的颗粒组成与物性指标见表2-1和表2-2。

土的颗粒组成(%)　　表2-1

粒径(mm)	>0.5	0.5~0.25	0.25~0.074	0.074~0.05	0.05~0.01	0.01~0.005	<0.005	<0.002
粉土1	0.0	0.1	40.1	39.4	13.6	1.2	5.5	4.0
粉土2	0	0	24.5	36.4	32.9	2.0	4.3	3.5

续上表

粒径(mm)	>0.5	0.5 ~ 0.25	0.25 ~ 0.074	0.074 ~ 0.05	0.05 ~ 0.01	0.01 ~ 0.005	<0.005	<0.002
黏土1	0.0	1.8	1.3	14.7	52.1	9.3	20.8	12.7
黏土2	0	0	0	6.0	13.3	13.7	66.9	45.9

注:粉土1采自山东省滨州黄河大桥处,粉土2采自东营孤岛处,黏土1、2采自山东济南历城区十六里河镇。

土的物性指标　　表2-2

指标	液限(%)	塑限(%)	塑性指数	相对密度	最大干密度 γ_d (g/cm³)	最佳含水率 w_{op} (%)
粉土1	27	17.2	9.8	2.70	1.75	14.6
粉土2	29.9	19.1	10.8	2.70	1.69	15
黏土1	31.5	18	13.5	2.75	1.91	14
黏土2	60	23.7	36.3	2.75	1.69	19.8

一、粉土的压实性状与压实机理

1.土的压实指标与压实性状

采用重型Ⅱ.2法击实的试验结果见图2-1、表2-2。击实过程中,大于最佳含水率3%~3.5%的粉土试件有水渗出;黏性土含水率最大的试件出现较大弹簧现象而无水渗出。

粉土1的击实曲线出现两个驼峰,第一个驼峰范围较窄,与第二个驼峰不对称;过了第一个驼峰,曲线平缓上升,当含水率在10%~14.6%之间变化时,干密度变化较缓,超过$1.1w_{op}$后,干密度急速下降,显示了砂性土的特点。与粉土1相比,粉土2的击实曲线呈宽缓的驼峰,击实曲线偏离饱和曲线($V_a=0$)更远,显示了级配不良粉土压实后空气体积率仍较大的特点。与黏性土相比,粉土的击实曲线离饱和曲线距离较大,说明粉土粒间孔隙大、气体含量高,密实度的提高,取决于压实工艺能否驱使颗粒处于最佳的排列状态。黏土1级配良好,黏土2颗粒集中在黏粒上,黏土1比黏土2击实曲线离饱和线更近,压实性能最好。

对粉土,影响压实性状的敏感颗粒是0.005~0.002mm的颗粒含量,它直接影响着粉土压实及与水作用的能力,是粉土表现出黏性土压实性状的贡献部分;

土中细砂、粗粒中的粉粒含量是表现出无黏性土压实性状的贡献部分。

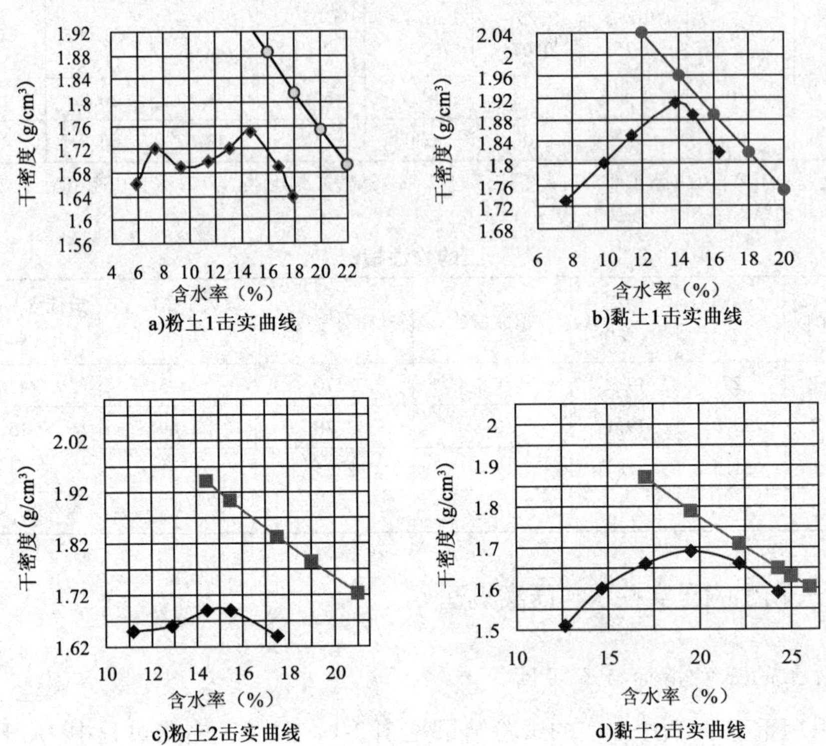

a)粉土1击实曲线　b)黏土1击实曲线

c)粉土2击实曲线　d)黏土2击实曲线

图 2-1　土的击实曲线

2. 压实土的孔隙比 e、空气体积率 V_a、饱和度 S_r

表 2-3 为 4 种土在 90%、93%、95%、98% 和 100% 压实度下的空气体积率 V_a(%)、饱和含水率 S_b(%)、可吸入的水量 w_0(%)、孔隙比 e、饱和度 S_r(%)和孔隙率 n(%)。

孔隙比 e、空气体积率 V_a、饱和度 S_r 随压实度的变化　表 2-3

粉土 1													
K		90			93			95			98		100
w	13.1	14.6	16.1	13.1	14.6	16.1	13.1	14.6	16.1	13.1	14.6	16.1	14.6
V_a	21.03	18.67	16.30	18.37	15.93	13.49	16.62	14.12	11.63	13.76	11.8	8.6	9.36
S_b		26.45			24.43			23.1			21.1		20.10
w_0	13.35	11.85	10.35	11.27	9.79	8.29	10	8.5	7	8	6.5	5	5.5

续上表

粉 土 1													
S_r	50	55	61	54	60	66	57	63	70	62	69	76	73
e	0.714			0.659			0.624			0.574			0.543
n	42			40			38			36			35
粉 土 2													
K	90			93			95			98			100
w	13.5	15	16.5	13.5	15	16.5	13.5	15	16.5	13.5	15	16.5	15
V_a	23.13	20.85	18.57	20.57	18.21	15.85	18.86	16.45	14.05	16.3	13.82	11.33	12.06
S_b	28.71			26.59			25.25			23.34			22.13
w_0	15.21	13.71	12.21	13.09	11.59	10.09	11.75	10.25	8.75	9.84	8.34	6.84	7.13
S_r	47	52	57	51	56	62	53	59	65	58	64	71	68
e	0.78			0.72			0.687			0.63			0.598
n	44			42			41			39			37
黏 土 2													
K	90			93			95			98			100
w	18.3	19.8	21.3	18.3	19.8	21.3	18.3	19.8	21.3	18.3	19.8	21.3	19.8
V_a	16.91	14.63	12.35	14.18	11.82	9.47	11.99	9.58	7.16	9.26	6.77	4.28	5.08
S_b	29.43			27.33			25.74			23.88			22.81
w_0	11.13	9.63	8.13	9.03	7.53	6.03	7.44	5.94	4.44	5.58	4.08	2.58	3.01
S_r	62	67	73	67	73	78	70	76	81	76	82	89	87
e	0.81			0.75			0.72			0.66			0.627
n	45			43			42			40			38
黏 土 1													
K	90			93			95			98			100
w	12.5	14	15.5	12.5	14	15.5	12.5	14	15.5	12.5	14	15.5	14
V_a	16.00	13.42	10.85	13.20	10.54	7.87	11.33	8.61	5.89	8.5	5.73	2.92	3.80
S_b	21.81			19.93			18.75			17.06			15.99
w_0	9.31	7.81	6.31	7.43	5.93	4.43	6.25	4.75	3.23	4.56	3.06	1.56	1.99
S_r	57	64	71	63	70	77	67	75	83	73	82	91	87
e	0.600			0.548			0.515			0.469			0.440
n	37			35			34			32			30

注：表中K—压实度，%；w—含水率，%；V_a—空气体积率%；S_b—饱和含水率%；w_0—可吸入的水量，%；e—孔隙比；S_r—饱和度，%；n—孔隙率，%。

(1)空气体积率 V_a

表2-3显示,不同压实度下,黏土 $1V_a$ < 黏土 $2V_a$ < 粉土 $1V_a$ < 粉土 $2V_a$。在100%的压实度下,粉土中存在着10% ~12%的空气体积率;黏土中存在着3% ~5%的空气体积率。从 $w_{op}-1.5$ 变化到 $w_{op}+1.5$,在每个压实度下,粉土的 V_a 大于黏性土,级配差的土的 V_a 大于级配好的土。在90%的压实度下,土中孔隙气体体积较大;压实度由95%增至98%,土的密实度增幅最大。这说明,细粒土在90%的压实度下,土中孔隙气体体积较大,黏性土存在着较大的排气固结压密过程;粉土存在着排气、排水与颗粒移位排列过程,这将引起路基的工后不均匀沉降变形。提高路堤的压实度,可有效降低路基竖向变形。

(2)饱和度 S_r 和饱和含水率 S_b

土的饱和度 S_r 是土中水的体积与孔隙体积之比,它可反映压实土中孔隙被水充满的程度。土在不同压实度下的饱和度,反映了土中空气体积的多少、压实性状。表2-3显示,黏土 S_r > 粉土 $1S_r$ > 粉土 $2S_r$。这说明黏土的压实过程是排气不排水的孔隙压缩过程,碾压密实度受碾压含水率的控制,对碾压含水率更敏感;粉土的压实过程是颗粒移位、重排列过程,密实度受颗粒排列方式的控制。这两类土适宜的压实工艺应不同。

(3)孔隙比 e

孔隙比 e 是反映土体密实程度的重要物理指标。表2-3显示,黏土2孔隙比 > 粉土2孔隙比 > 粉土1孔隙比,说明黏性土压缩变形量大于粉土。路床区压实度的大小决定了路基顶面压应变的大小,它直接影响着路面结构的疲劳弯拉应力分布。压实度由95%增至98%,e 的降幅最大;压实度为90%时,粉土的孔隙比 $e>0.7$,黏土 $e>0.8$。一般来说,$e<0.6$,土是密实的,压缩性小。这说明高填方路堤,90%压实度区的压密是路基工后不均匀沉降的主要原因之一。

二、击实功对土的压实的影响

在不同击实功下的孔隙比 e、空气体积率 V_a、饱和度 S_r 随击实功的变化见图2-2、表2-4。

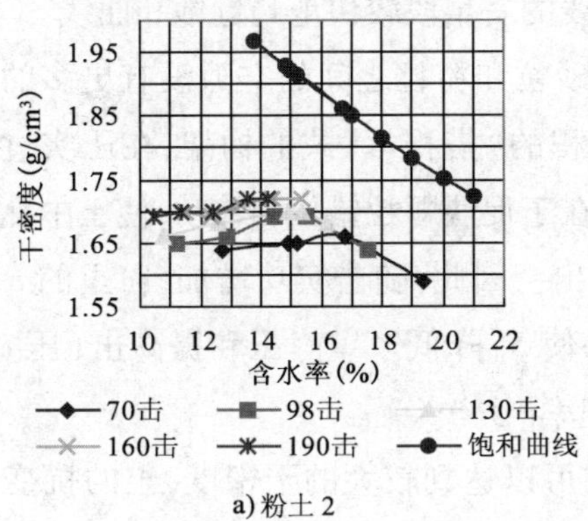

a)粉土 2

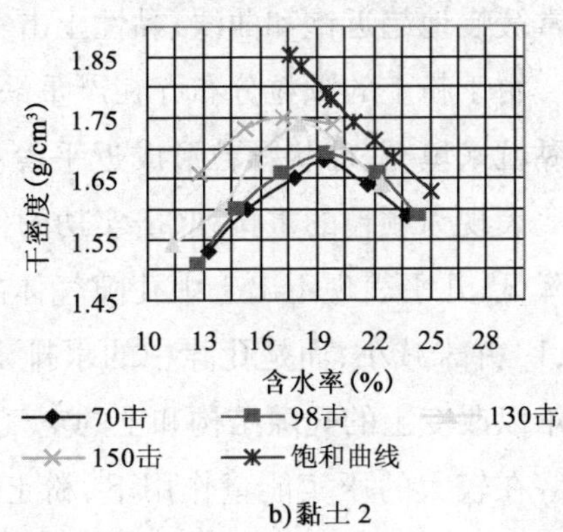

b)黏土 2

图 2-2 不同击实功下土的击实曲线

土的孔隙比 e、空气体积率 V_a、饱和度 S_r 随击实功的变化　　表 2-4

粉土2						黏土2					
击实功 (kJ/m³)	w (%)	ρ (g/cm³)	e	V_a (%)	S_r (%)	击实功 (kJ/m³)	w (%)	ρ (g/cm³)	e	V_a (%)	S_r (%)
1 914	16.07	1.66	0.627	10.86	72	1 914	19.5	1.68	0.636	6.09	84
2 680	15.0	1.69	0.598	12.12	68	2 680	19.8	1.69	0.627	5.02	87
3 555	15.2	1.70	0.588	11.26	70	3 555	18.2	1.74	0.580	5.00	86
4 375	14.8	1.72	0.570	10.90	70	4 101	17.6	1.75	0.571	5.5	85
5 195	13.8	1.72	0.570	12.62	65	4 649	17.0	1.79	0.536	4.48	87

图 2-2 和表 2-4 显示：

①随着击实功的增加，粉土击实曲线背向饱和曲线移动，击实功越高，最大干密度偏离饱和线越远；黏性土则相反。

②随击实功的增加，土的最大干密度增大，最佳含水率降低。

③击实功增加，黏性土干密度增加明显，对击实功更敏感。

④随击实功的提高，粉土的空气体积率 V_a 波动于 10% ~13% 之间；饱和度在 70% 左右波动，击实功很高时，饱和度下降。黏性土的 V_a 呈小降幅变小；饱和度在 86% 左右波动，击实功很高时，饱和度上升。

⑤随着击实功的增加，当击实功达到某值时，粉土干密度与孔隙比趋于定值；黏性土的孔隙比降低，干密度线性增加。

⑥随着击实功的增加，粉土的击实曲线在大于最佳含水率 w_{op} 以后的右半段

非常缓慢地趋近饱和曲线；黏性土击实曲线的右半段较快地趋近饱和曲线。

由于粉土的颗粒分布存在严重缺陷，砂粒和粉粒之间的空隙没有更多的细小黏粒来填充，球状颗粒形成近乎等粒堆积的"搭积木"式的构架，在压实过程主要表现为颗粒的重排列，击实功的作用在于促使颗粒错位和移动，使土中孔隙率降低，几乎表现不出土中孔隙气体的排出。因此，随击实功增加，粉土的 e 变小，V_a 并未减小，而是孔隙中的水排出，并使 S_r 降低。靠静压和提高击(压)实功难以改变土的孔隙结构和土的空气体积率。

在较大的压实能量作用下，粉土颗粒可以达到较大的干密度，土的抗变形能力最强，几乎没有压缩性。但过高的压实能量对于提高粉土的干密度并没有良好的效果。由于在较大的击实功下达到最大干密度时，土中的孔隙率 n = 36%，空气体积率 V_a 高达 10% ~12%，土中仍保留有与大气连通的孔隙，土的毛细作用仍强烈，仍具有冻敏性。因此，较高压实度粉土路基水稳定性仍不足。

黏性土的压实过程主要表现为 e 变小，V_a 也变小，S_r 增大，即土颗粒间空隙的体积减少，孔隙气体体积降低，饱和度提高。碾压过程中，高的静压吨位(单位压强)且不扰动颗粒，使土中颗粒嵌挤，气体被排出是压密土的关键，提高压实功可有效提高黏土的密实度。

三、不同压实度条件下黄泛区粉土的强度与压缩性

图 2-3 绘制了粉土 1 在不同压实度时的压缩曲线，图 2-4 是粉土 1 在不同压实度时的回弹模量。

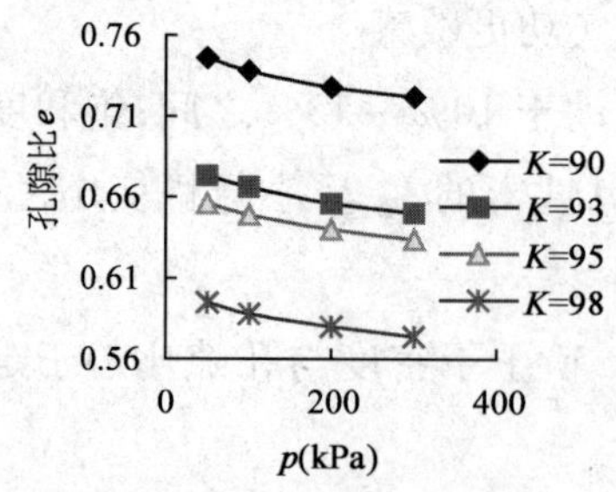

图 2-3　粉土 1 的压实度—压缩曲线

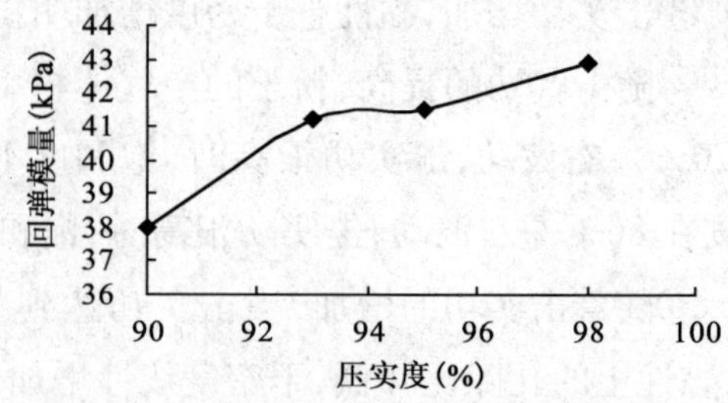

图 2-4　粉土 1 的压实度—回弹模量曲线

由图2-3、图2-4显示，粉土在90%的压实度时，孔隙比e达到0.71，孔隙体积率为41%～44%，压缩曲线坡率大，回弹模量低；93%与95%区压缩曲线、回弹模量较接近；98区的压缩曲线，随荷载增加，曲线平缓下降，趋于稳定状态，回弹模量明显增大。这说明90%的压实度下粉土存在较大的压缩性，路基的沉降与压缩变形主要发生在90区，该区仍存在着压密固结过程。90区的压实度偏低是造成路基特别是高填方路基发生不均匀沉降变形的主要因素。压实度由95%提到98%，可有效提高路床区的强度与抗变形能力。

第二节 黄泛区粉土的施工压实工艺

目前，常用的土体碾压方式一般分为静碾压和振动碾压。静碾压是依靠机械自重的静压力作用，利用滚轮在压层表面往复滚动，土中产生一定程度的永久变形而达到压实目的（图2-5）。静碾压力的影响随着深度的增加衰减很快，因而主要集中在表层。随着压实土壤表层的硬化，土层的内摩擦阻力使得这种静作用力无法涉及到深层，所以静压的影响深度有限，一般在20cm范围内。压实含水率处于干燥和饱和状态之间时，土的压实难度取决于毛细管力的大小。毛细管力发生于部分水分充填的小空隙中，使颗粒之间互相保持着称为视黏聚力的“弹性连接”，该力随颗粒尺寸的减小而增加。对于黏土，除存在着视黏聚力外，还存在着大量的黏粒之间的分子作用力（又称黏聚力）。黏粒含量越高，视黏聚力和黏聚力越大，土的可塑性与附着力和黏聚力越强，压实过程中土体表层硬化得越快，越需用较大的压力和剪切力压实，并且铺层也要求较薄。接地压强大、接触面积小的静态压路机（如羊足路碾或凸凹花纹深的轮胎压路机）更适合于黏性土。

振动碾压用快速连续冲击作用于地表，每冲击一次对土体产生一个压力波（图2-6）。土颗粒在运动状态下移动到自己稳定的位置上，使土体体积尽可能的小。振动必须与一定大小的压力和剪切力联合作用，以便克服土体内颗粒之间的附着力和黏聚力。振动压路机对土体产生的压力和剪切应力，一部分来自振动压路机的静重产生的静作用力，另一部分来自压力波形成的动力。所以，振动压路机碾压一方面对材料施加了冲击力，同时减少了材料颗粒间的内摩擦力，此外由于振动使被压实材料颗粒易于移动。粉土属于砂性、无或弱黏性材料，由于土体内颗粒之间阻碍颗粒位移的附着力和黏聚力小，更适合用振动压路机碾压。

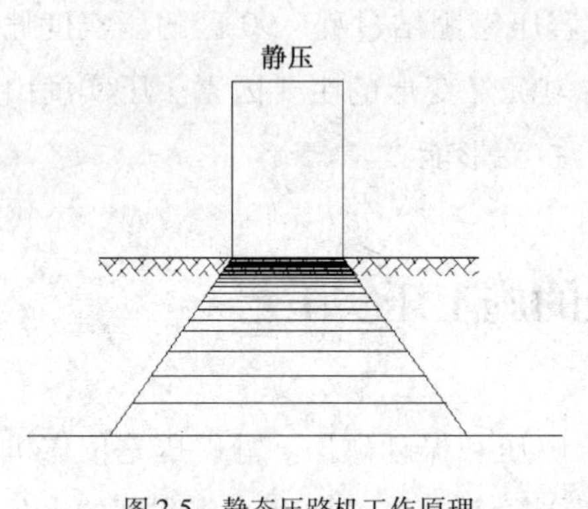

图 2-5　静态压路机工作原理

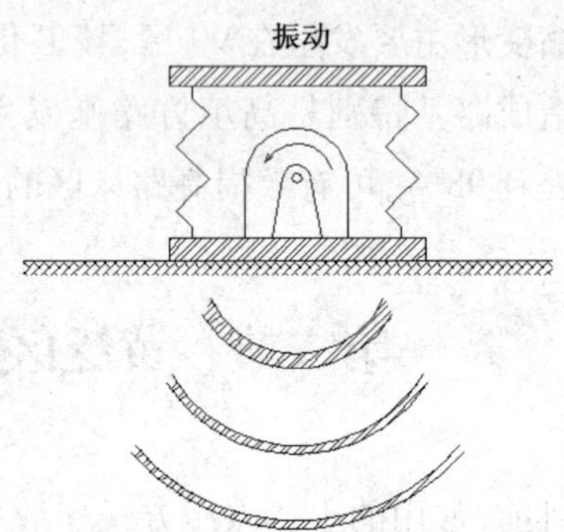

图 2-6　振动压路机工作原理

一、粉土的频率响应特性

取济南黄河北典型黄泛区粉土，采用振动台法分析其振动响应特性。土的物理指标见表 2-5，为级配不良的低液限粉土。标准重型击实条件下土的最佳含水率为 13.3%，最大干密度为 1.734g/cm^3。在最佳含水率状态下进行试验。

土的物理指标　表 2-5

颗粒组成(mm)						C_u	C_c	液限 w_L(%)	塑性指数 I_P
>0.075	0.05～0.075	0.05～0.01	0.01～0.005	<0.005	<0.002				
0.0	8.6	76.7	10.4	5.8	3.2	3.714	1.407	33.5	9.3

在最佳含水率状态下，采用 2mm 的振幅，振频分别取 10、15、20、25、30、35、40、45、50、55、60Hz，在振动台上分别振动 1min，检测土样下沉量。试验结果见图 2-7。

图 2-7 显示，振动频率由 10Hz 增加至 20Hz，土样的下沉量明显增加；振频在 20～40Hz 之间，下沉量基本稳定；之后下沉量有所降低，表现出明显的频率响应特性。因此，黄泛区粉土适于振动碾压。

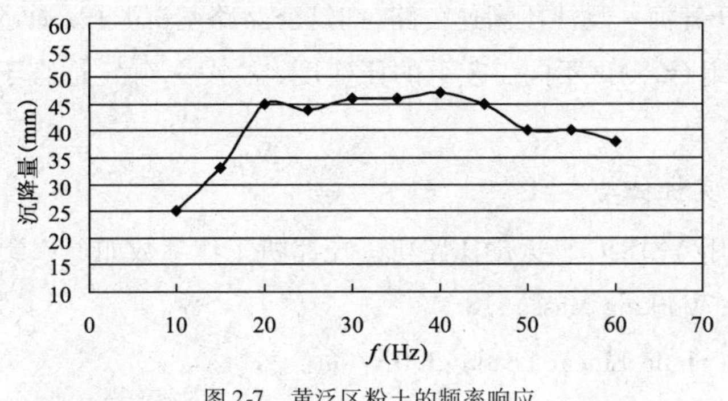

图 2-7 黄泛区粉土的频率响应

二、粉土的现场碾压工艺

瑞典的 L · 福斯布拉德认为,"频率和振幅对压实效果有着重要影响,通常振动频率在 25 ~ 50Hz(1 500 和 3 000 次/min)之间压实效果最优。如果在整个频率范围内把振幅增大,将会显著加大压实效果和影响深度。"振动碾压过程中,在振动轮与土体系统内,土体的作用像一根弹簧,振动器—土体系统有一个共振频率,在共振频率附近,振动轮的振幅将被扩大,振动力可能提高。颗粒级配不同的土,现场碾压时将对应着不同的共振频率、振幅与频率的搭配及最佳工艺组合。特别是粉土,颗粒尺寸较均匀,粒间的孔隙介于砂土和黏土之间,分子间内聚力的大小也介于两者之间。干燥状态易扬尘,湿润状态倾向砂土的性质,适于振动碾压。共振频率是最佳压实功能与效果的关键技术参数,工艺组合是经济、有效压实的重要因素。然而,在共振条件下工作,一方面会提高整台机器的振动程度,对操作者的舒适和机器可靠性不利。另一方面,工作频率高时,振动轮在太强振动作用下脱离了地面,土受到不规则的沉重冲击(跳跃),引起碾压过度而降低了土体密度,如图 2-8 所示。所以,压实时趋近于共振频率,既不会引起操作者的不舒适,也不会降低机器可靠性,且土体压实效果最佳。

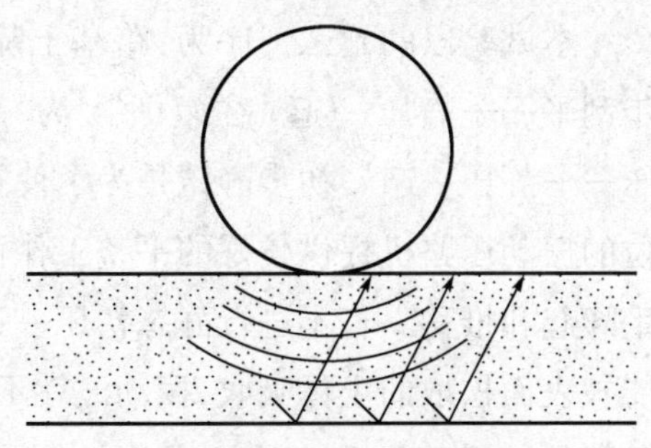

图 2-8 共振状态下的碾压过程

为确定黄泛区粉土合理的施工压实

工艺,依托 G20 齐河—夏津段高速公路,铺筑公路路基试验段,通过现场不同振动压实工艺的组合,测试不同工艺下的压实度、含水率,确定适宜于黄泛区粉土的碾压工艺。

1. 振动压实机械与参数

试验段采用 YZ18JC 型振动压路机。压路机工作参数如下:

工作质量(Working Mass):18t

静线载荷(Static Linear Load):390N/cm

振动频率(Frequency):28Hz

名义振幅(Nominal Amplitude):2.1/1.1mm

激振力(Centrifugal Force):330/190KN

工作速度(Speed) :2.86、5.3、9.7km/h

本试验段所提供的振动压路机振幅分为强振(名义振幅 2.1mm)和弱振(名义振幅 1.1mm)两个级别。可变振幅可用分开式偏心块来实现。改变振幅可以改变振动强度,这对碾压薄铺层或对厚铺层的最后碾压是很有效的。这种双振幅功能对优化路基的碾压工艺、提高压实效果以及节约工程成本提供了可操作条件。

压路机频率只有一个出厂固定频率 28Hz,处于黄泛区粉土适宜的频率 25 ~ 30Hz 范围内,接近粉土的共振频率。

有效压实深度与机械类型、填土类型、含水率等有关,一定的压实功与一定的有效压实深度相对应。经现场实验,粉土的有效碾压层厚度不超过 30cm。

2. 碾压工艺与压实效果

本试验段的施工工序为:路基土晾晒——推土机初步推平——刮平机进一步刮平——静压一遍(往复一次为一遍;振动碾压同)——不同振幅振动碾压——静压一遍。初步静压是为了使被压实土体具有初步的承载能力,为大吨位的振动压路机提供较好的平整工作面,不至于大吨位的压路机振动碾压时产生隆起和推移。若不进行静态初压一遍而直接在松散的土体上振动碾压,振动能被表面松散的土体吸收,振动波就不能有效地向深层土体传递。因此,初压是重要的。振动碾压过程中,压实轮与被压实材料并不是紧密的接触,而是与表面材料一起振动。在振动轮的压力波作用下,表层土会变得疏松,密实度很差。最后的静压是消除轮迹、形成平整的表面、增加表层密实度的重要措施。

试验段工艺方案见表2-6,压实整平后的路基表面如图2-9所示。

碾压工艺试验方案　　表2-6

方案1	静压1遍+强振(分别1、2、3遍)+静压1遍
方案2	静压1遍+弱振1遍+静压2遍
方案3	静压1遍+强振1遍+弱振1遍+静压1遍

图2-9　压实整平后的粉土路基表面

方案1的检测结果见表2-7。

方案1的压实度　　表2-7

编号	压实工艺	含水率 w (%)	湿密度 (g/cm³)	压实度 K (%)	压实度平均值 K (%)
G_{11}	静压1遍	19.0	1.93	90.9	91.1
G_{12}		19.5	1.94	91.1	
G_{13}		19.2	1.94	91.3	
G_{21}	静压1遍,强振1遍	19.6	2.04	96.0	95.6
G_{22}		19.9	2.04	95.5	
G_{23}		19.3	2.03	95.4	
G_{31}	先静压1遍,再强振2遍	17.7	1.98	94.5	96.4
G_{32}		18.6	2.07	97.9	
G_{33}		18.2	2.04	96.8	

续上表

编号	压实工艺	含水率 w (%)	湿密度 (g/cm^3)	压实度 K (%)	压实度平均值 K (%)
G_{41}	先静压1遍,再强振3遍	18.9	2.07	97.8	97.6
G_{42}		18.2	2.06	97.9	
G_{43}		17.2	2.02	97.0	
G_{51}	先静压1遍,强振3遍,然后静压1遍	19.0	2.03	96.1	97.3
G_{52}		18.2	2.06	97.7	
G_{53}		17.8	2.06	98.1	

结果说明,在强振(频率28Hz)的压实工艺组合下,粉土甚至可在高出最佳含水率5%或低于3%的范围内碾压,即是说在强振工艺组合下,含水率并不是影响压实的主要因素。静压1遍+强振3遍+静压1遍的碾压工艺可使压实度达到97%。

方案2在施工过程中严格控制含水率在最佳含水率附近。其检测结果见表2-8。在静压—弱振—静压的工艺组合下,由于粉土的压实性质介于黏性土与砂性土之间,存在于土粒接触点周围的孔隙水由于受到弱振而上移,补充了表层因蒸发而损失的水量。当土体的含水率接近最佳含水率时,压实度均在98%以上,可获得良好的压实效应。但由于较小的振幅能量传递的深度有限,每层填筑厚度一般取20~23cm。此外,由于黄泛区粉土路基施工过程中水分易散失,难以保持碾压中的路基土含水率在最佳含水率附近。而一旦含水率出现较大偏差,弱振压实效果显著下降。因此,本工艺的实施较为困难。

方案2的压实度 表2-8

桩　号	位置	核子密度仪检测值			灌砂法校正值	
		干密度 (g/cm^3)	含水率 (%)	压实度 (%)	干密度 (g/cm^3)	压实度 (%)
K23+550	左	1.675	13.64	98.39	1.678	98.53
	右	1.679	11.22	97.62	1.681	97.74
+565	左	1.734	12.18	100.83	1.731	100.62
	右	1.666	10.96	96.87	1.669	97.06
+580	左	1.706	11.04	98.18	1.705	98.15
	右	1.682	10.17	97.82	1.684	97.09

续上表

桩　号	位置	核子密度仪检测值			灌砂法校正值	
		干密度（g/cm^3）	含水率（%）	压实度（%）	干密度（g/cm^3）	压实度（%）
+595	左	1.693	12.82	98.44	1.694	98.47
	右	1.677	10.20	97.53	1.679	97.63
+610	左	1.646	11.79	95.70	1.651	96.01
	右	1.741	13.78	101.22	1.737	100.98
+625	左	1.731	10.88	97.65	1.728	97.46
	右	1.695	10.77	98.55	1.696	98.58
+640	左	1.662	13.74	98.63	1.666	98.85
	中	1.786	12.15	103.84	1.777	103.34
	右	1.749	12.07	101.72	1.744	101.40

注：土的最大干密度为 1.72g/cm^3，最佳含水率为 13.0%。

方案 3 的检测结果见表 2-9。

灌砂法测的方案 3 的压实度　　表 2-9

桩　号	位　置	干密度（g/cm^3）	含水率（%）	压实度（%）
K22 +120	左	1.698	11.60	98.72
	右	1.713	13.80	99.62
+260	左	1.700	10.66	98.83
	右	1.752	10.87	101.87
+380	左	1.723	13.04	100.20
	右	1.717	12.17	99.82
+460	左	1.693	13.82	98.60
	右	1.696	14.20	99.01
+580	左	1.684	11.20	97.91
	右	1.756	13.18	102.12

注：土的最大干密度为 1.72g/cm^3，最佳含水率为 13.0%。

由表 2-9 可见，静压 1 遍 + 强振 1 遍 + 弱振 1 遍 + 静压 1 遍的工艺，可使土的干密度达 98% 以上，表现出良好的压实效应。强振迫使颗粒移位嵌挤，弱振迫使不稳定的颗粒移动到更稳定的位置上，使其排列结构更加趋于稳定。另外，变幅的碾压工艺还表现出对碾压含水率良好的适应性。因此，先强振再弱振的碾压工艺应更适合粉土的压实。

上述现场试验表明，对于黄泛区粉土，不同的碾压工艺，在适宜的碾压含水率范围内压实效果是不同的。在强振工艺组合下，含水率并不是影响压实的主要因素，静压 1 遍 + 强振 3 遍 + 静压 1 遍的碾压工艺可使压实度达到 97%。在弱振的工艺组合下，碾压含水率控制在最佳含水率附近碾压效果最佳，含水率是控制压实的关键因素。先强振再弱振，不仅压实效果好，而且表现出对碾压含水率良好的适应性。因此，黄泛区粉土宜采用先强振再弱振的压实工艺。

需要说明的是，可自动调幅、调频的智能压路机是近年来国内外研发的热点，部分产品已经应用于工程实践。采用变频、变幅振动压路机优化现场压实工艺将进一步提高黄泛区粉土的压实效果，这有待于进一步试验研究。

三、黄泛区粉土其他压实技术

山东省高临高速公路黄泛区路基施工中，采用蓝派冲击碾对下路堤、上路堤进行了冲击碾压试验(图 2-10)，冲击碾压松铺厚度分别为 60、80、100cm 的黄泛区粉土路基 30 遍后，路基 30、40、60cm 深度处压实度均达到 95% 以上，获得了压实效果理想。在黄泛区路基施工中，亦有采用羊足碾进行路基压实的案例。

图 2-10　黄泛区粉土路基冲击碾压施工

第三章　黄泛区无机结合料稳定土的工程技术

无机结合料稳定土具有稳定性好、抗冻性强、结构本身自成板体，能够充分利用地方材料，初期投资省等优点，在我国建筑工程中广泛应用。特别是在道路工程中，无机结合料稳定土是我国传统的基层、底基层材料。在黄泛区，包括砂、石料在内的各种建筑材料严重匮乏，无机结合料稳定土便成为该区域基本的道路基层、底基层材料。黄泛区粉质土黏粒含量低，这对稳定土强度的生成极为不利。了解黄泛区无机结合料稳定土的强度规律、配合比设计和施工特点，对于区域内结合料稳定土设计和施工十分重要。

第一节　石灰稳定黄泛区土

一、石灰的活性与石灰稳定土的原理

石灰是 RCO_3 矿物为主要成分的沉积岩石在烧制温度 900 ~ 1 300℃ 下煅烧分解的固相胶凝材料。煅烧后的块状原产品成分为 $CaO + MgO$，磨细后成为生石灰粉。生石灰加水消解后成为消石灰（熟石灰）。

有效的 Ca、Mg 含量是指在常温、常压的普通条件下，能与水反应的那部分 CaO、MgO 含量，主要来自于游离的 CaO、MgO。有效的 Ca、Mg 含量用 $CaO + MgO$ 的质量占试样总质量的百分率表示。

由于 CaO、MgO 立方体晶体的晶体颗粒细小，比表面积最大，活性最高。因而，生石灰活性（胶凝性能）高于消石灰，用它稳定土的强度高于消石灰稳定土的强度。式（3-1）表明，磨细的生石灰水化迅速，并伴随激烈的放热和体积膨胀

过程。用它稳定土(或掺入粉煤灰中稳定土)时,一方面使反应速度加快,稳定土强度高;另一方面,显著的体积膨胀往往使刚刚形成的凝胶结构破坏。因而,闷料时间对生石灰稳定土强度的形成、增长非常重要。式(3-2)说明,在潮湿环境里,消石灰极易吸潮硬化失去活性。因而,石灰不能在露天长期堆放。

$$CaO + H_2O \Leftrightarrow Ca(OH)_2 \pm 6.49 \times 10^4 J/mol \quad (3\text{-}1)$$

$$Ca(OH)_2 + CO_2 + nH_2O \longrightarrow CaCO_3 \downarrow + (n+1)H_2O \quad (3\text{-}2)$$

石灰稳定土的强度来自以下四个方面的作用。

(1)离子交换作用

$$Ca(OH)2 \Leftrightarrow Ca^{++} + 2OH^- \quad (3\text{-}3)$$

$$Mg(OH)_2 \Leftrightarrow Mg^{++} + 2OH^- \quad (3\text{-}4)$$

黏土胶体颗粒扩散层中的 K^+、Na^+ 阳离子与 Ca^{++}、Mg^{++} 交换,使得胶体扩散层的厚度减薄,电动电位降低,范德华引力增大形成凝聚的小团粒,组成一个稳定结构,使得土的分散性、湿坍性、膨胀性降低,初期性质起到改善。

(2)火山灰作用

活性 $SiO_2 + Ca(OH)_2 + nH_2O \longrightarrow xCaO \cdot SiO_2 \cdot (n+1)H_2O$ 水化硅酸钙 (3-5)

活性 $Al_2O_3 + xCa(OH)_2 + nH_2O \longrightarrow xCaO \cdot Al_2O_3 \cdot (n+1)H_2O$ 水化铝酸钙 (3-6)

水化铝硅酸钙、水化铝酸钙具有水硬性质,强度高、水稳定性好,此反应是构成石灰土强度、提高石灰土水稳定性的主要原因,并促使石灰土相当长的时期内增长强度。

(3)$Ca(OH)_2$ 的碳酸化作用

$$Ca(OH)_2 + CO_2 + nH_2O \longrightarrow CaCO_3 + (n+1)H_2O \quad (3\text{-}7)$$

实质是 $CO_2 + H_2O \rightarrow CO_3^{2-}$,$CO_3^{2-} + Ca(OH)_2 \rightarrow CaCO_3$,该反应称为碳酸化反应,只有在水和 CO_2 的参与下才能进行,由于石灰土层上面覆盖多层路面结构层,在路面结构中该反应进行的极其缓慢。

(4)$Ca(OH)_2$ 结晶作用

$$Ca(OH)_2 + nH_2O \rightarrow Ca(OH)_2 \cdot nH_2O \quad (3\text{-}8)$$

此反应，$Ca(OH)_2$ 由胶体逐渐成为含水晶体网格胶结稳定土中的惰性颗粒。由于 $Ca(OH)_2$ 结晶在热力学上是不稳定的，具有较高的溶解度，在潮湿状态下，由于接触点的溶解，强度不可逆的降低，这也是石灰土水稳定性差（不抗水）的原因。

正是由于式(3-3)和式(3-4)，通过 Ca^{++}、Mg^{++} 离子与黏土胶体颗粒扩散层中的 K^+、Na^+ 阳离子形成具有胶凝性能的凝聚结构，稳定土系统中 K^+、Na^+ 阳离子与大量 OH^- 根离子的存在，提高了系统中的 pH 值，黏土硅酸盐矿物在石灰的碱性激发下硅氧键、铝氧键不断溶解断裂，活性增加，促使其后的火山灰反应不断进行。

石灰稳定土是黄泛区传统的道路基层、底基层材料，至今仍广泛应用。为分析黄泛区石灰稳定土特性，取东营胜利黄河大桥—东营港有代表性的粉土（六分场 C_2 土，其化学成分、矿物组成、颗粒组成分别见表 1-3、表 1-4、表 1-5），进行消石灰稳定土、水泥石灰土、水泥石灰纤维土和生石灰粉稳定土试验。石灰采用钙质石灰，消石灰过 4mm 筛，CaO + MgO 有效含量不小于 55%，制件时石灰含水率小于 12%；水泥采用 42.5 级硅酸盐水泥；纤维采用 1.5cm 的玻璃纤维。各种试件均按 95% 的压实度成型。试件装入塑料袋内标准养生。无侧限抗压强度、抗冻、抗水试验均采用直径 × 高为 5cm × 5cm 的圆柱体试件，抗弯拉试验的小梁试件尺寸为 5cm × 5cm × 24cm。冻融循环试验，−20℃ ± 2℃ 冰柜中冻 4h，再在 20℃ 恒温水浴中浸 20h 为一循环。

二、消石灰稳定土与综合稳定土

1. 抗压强度

消石灰稳定土和水泥、石灰综合稳定土的强度试验结果见表 3-1。石灰土强度标准见表 3-2。

消石灰稳定土和水泥、石灰综合稳定土不同龄期的无侧限抗压强度　表 3-1

龄期	稳定土	消石灰土				水泥石灰土				水泥石灰纤维土	
	石灰剂量	8%	10%	12%	14%	10%	12%	12%	12%	12%	12%
	水泥剂量					2.5%	1.0%	1.5%	2.5%	1.0%	2.5%
	纤维剂量									1.5%	1.0%

续上表

龄期	稳定土	消石灰土				水泥石灰土				水泥石灰纤维土	
7d	强度(MPa)	0.36	0.48	0.48	0.42	0.51		0.5	0.56	0.64	0.72
	C_v(%)	6.9	6.9	9.8	9.6	10.0		8.8	1.0	4.1	7.9
	试件数(个)	8	8	7	6	5		5	6	4	6
28d	强度(MPa)	0.52	0.62	0.74	0.74	0.88	0.68	0.74	0.88	0.82	1.04
	C_v(%)	1.5	6.14	5.7	7.3	8.1	9.7	8.8	8.65	8.48	5.54
	试件数(个)	6	8	10	7	6	5	7	5	8	8
90d	强度(MPa)	0.73	1.01	1.07	1.04	1.36	0.97	1.03	1.37	1.19	1.31
	C_v(%)	9.87	8	8.14	9.37	6.1	9.69	7.85	5.85	9.14	9.38
	试件数(个)	8	6	6	10	6	9	7	9	9	8
最佳含水率 w(%)		15.2	15.5	15.7	16	15	16	15.5	15.8	15.8	
最大干密度 γ_d (g/cm^3)		1.72	1.71	1.69	1.72	1.7	1.7	1.71	1.71	1.7	

注:纤维剂量按稳定土中纤维重除以干石灰重。水泥为外掺剂量。

石灰稳定土的 7d 抗压强度标准 表 3-2

公路等级	轻交通		重、中交通	
	压实度(%)	抗压强度(MPa)	压实度(%)	抗压强度(MPa)
基层(MPa)	≥95	≥0.8	—	—
底基层(MPa)	≥95	≥0.7	≥95	≥0.8

注:数据摘自《公路沥青路面设计规范》(JTG D50—2006)。

表 3-1、表 3-2 显示,消石灰土 7d 无侧限抗压强度最高达 0.48MPa,90d 为 1.07MPa,达不到轻交通条件下公路 7d 强度底基层 >0.7MPa、基层 >0.8MPa,重中交通条件下公路底基层 >0.8MPa 的规范要求。外掺量 1.5% 以上水泥,强度有所增加,7d 无侧限抗压强度勉强达到低塑性土($I_p \leqslant 10$)地区 0.5MPa 强度要求,但强度提高不明显,2.5% 水泥剂量时 7d 强度仅达到 0.56MPa。随着水泥剂量的增加,在养护期间,试件表面上还可见微细张裂纹。且在已建道路中发现,外掺 3% 水泥石灰稳定土,基层和底基层出现大量硬化干缩裂缝。这说明石灰稳定该类土的强度很低,通过外掺水泥以提高初期强度亦非适宜的方法。在水泥石灰土中加入玻璃纤维,早期强度有所加强,但仍不能满足规范强度的要求;纤维的加入对后期强度影响不明显。另外,纤维的加入会显著增加工程费用

和施工的难度。因此加入纤维也是不适宜的。

2. 抗弯拉指标

试件的件弯拉强度和模量见表3-3。

小梁试件的弯拉强度和模量(MPa)　　表3-3

稳　定　土		石　灰　土			水泥石灰土	纤维石灰土
石灰剂量		8%	10%	12%	10%	10%
水泥或纤维剂量					2.5%水泥	1%纤维
28d	弯拉强度 S		0.12	0.118		
	弯拉模量 E		718	991		
180d	弯拉强度 S	0.232	0.361	0.295	0.549	0.447
	弯拉模量 E	2 270	2 306	2 807	4 120	3 273

表3-3 显示,石灰土28d 的弯拉强度很低,6 个月龄期的弯拉强度亦很低,如果考虑偏差系数、季节、温度等气候环境条件,其值远达不到180d 龄期弯拉强度不小于0.3MPa 的规范要求。外掺2.5% 的水泥,弯拉强度、刚度都有明显提高,但材料易受弯拉而脆性断裂。纤维水泥石灰土,弯拉强度较高而弯拉模量比水泥石灰土低,降低了水泥石灰土的脆性。

3. 抗水、抗冻性能

考虑黄泛区自然气候条件的变化,分别采用先浸水后冻和先冻后融的方法进行冻融试验。

石灰土先浸水后冻,第一次循环融后,试件全部脱皮,14% 剂量的试件完全破坏;第二次循环融后,试件几乎全部坍散。采用先冻后融方法,经五次循环,试件全部坍散,其中,第一次循环个别试件稍有剥落;第二次循环,冻后裂纹,融后大部分起皮和剥落;第三次循环,严重剥皮,个别试件全部剥落。石灰土表现出较差的抗冻性。

12% 石灰 +2.5% 水泥的石灰土先冻后融,第二次循环,冻后开始出现冻胀微细裂纹;第三次循环,融后大部分试件表面出现麻点、起皮;第四次循环,融后个别件脱皮;经第五次循环后,大部分件脱皮剥落。与石灰土相比,表现出较好的抗冻性能。

4. 击实特性

采用标准重型击实，石灰土的击实曲线见图 3-1。由图 3-1 可见，石灰土与素土击实曲线基本相似，但整体曲线变陡，围绕最佳含水率和最大干密度的波动范围变窄。含水率在 $w_{op}-2\%$ 时试件起皮，在 $w_{op}+1.5\%$ 时试件出水，并出现弹簧现象。水泥石灰土亦如此。

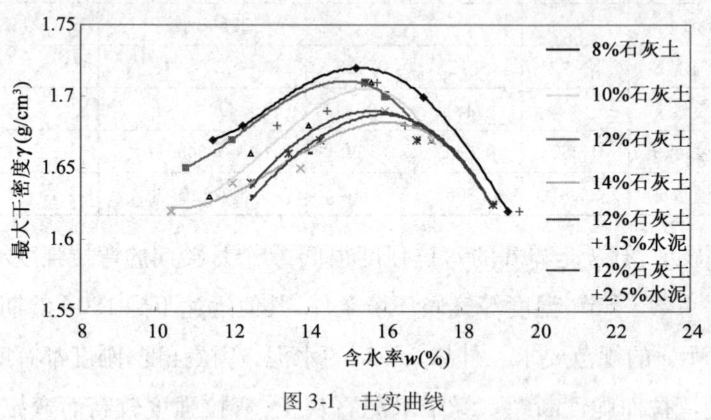

图 3-1 击实曲线

纤维水泥石灰土击实曲线驼峰略宽。

总之，利用石灰、水泥石灰、水泥石灰纤维稳定土后，仍表现出对水的敏感性。干则起皮，湿则涌起、弹簧，压实困难。施工碾压时，含水率的控制比较重要。

三、生石灰稳定土

国内外研究认为，生石灰在消解过程中可以释放出大量热能（6.49×10^4 J/mol），利用生石灰稳定土，生石灰消解过程在土中进行，所释放的热量能加速石灰与土之间各种反应的进行；刚消解的石灰呈胶状 $Ca(OH)_2$，其活性和溶解度均比消石灰高，能使灰分与土粒更好地相互作用。因而，采用生石灰粉稳定土的效果比消石灰好得多。《公路路面基层施工技术规范》（JTJ 034—2000）中也明确指出，对于高速公路和一级公路，当采用石灰土作道路基层（底基层）时，石灰宜采用磨细生石灰粉。

表3-4的试验结果显示，采用生石灰粉稳定该类土，当剂量较低时，7d试件浸水泡散，没有强度；剂量较高时，试件虽未泡散，但强度很低，其初期强度与消石灰稳定相比差得多。后期强度，两种稳定方法相差不多。生石灰粉稳定土，闷料2h，其7d强度较消石灰稳定土低30%；闷料3～4h，7d强度较消石灰稳定土高8%；闷料6h，7d强度较消石灰稳定土提高4%。

生石灰粉稳定土的强度　　表3-4

石灰种类	消石灰	生石灰粉					
石灰剂量（%）	10	7	8	9	10	10	10
闷料时间（h）		2	2	2	2	3～4	6
7d强度（MPa）	0.48	浸水泡散	浸水泡散	0.28	0.34	0.52	0.5
90d强度（MPa）	1.01	0.67	0.75	0.90	1.03		

注：8个试件，3个试件浸水后泡散，表中数据为成型的试件强度。

四、黄泛区石灰土强度机理

消石灰稳定土是黄泛区传统的底基层甚至基层材料。黄泛区粉土粉粒一般含量高达80%以上，粒度均匀，黏粒含量很低，活性SiO_2、Al_2O_3成分极少，因此，消石灰稳定该类土时，其离子交换和火山灰作用很弱，强度的形成主要依赖$Ca(OH)_2$的碳酸化和自行结晶作用。而离子交换和火山灰作用是石灰土形成初期强度的主要原因。故消石灰稳定该类土的强度，特别是初期强度较低，难以达到有关技术规范的强度标准要求。其抗弯拉能力低，抗水、抗冻能力差。这是导致黄泛区采用传统的石灰稳定土基层、底基层的道路早期破坏严重的主要原因。因此，在黄泛区，应禁止采用消石灰稳定土做路面结构的基层和底基层。外掺水泥后，尽管材料抗压、抗弯拉能力有所提高，抗水、抗冻能力明显增强，但过高的水泥剂量会导致明显的干缩和温缩现象。因此，在该区域内采用水泥石灰综合稳定土也是不适宜的。在水泥石灰土中加入玻璃纤维，抗弯拉性能得到明显改善，早期强度有所加强，但仍不能满足规范要求，而且纤维的成本高，对后期强度影响不明显。因此加入纤维也是不适宜的。

用生石灰粉稳定该类土，当成型时间早时（2h），因为稳定土中离子交换和火山灰反应形成的团聚、胶凝物很少，初期反应物更少，已经形成的结构强度不足以抵抗由于生石灰消解释放热量所造成的膨胀作用,致使其内部团聚结构破坏。因此,其初期强度极低,7%、8%剂量的试件浸水全部泡散,9%剂量的8个试件,3个浸水泡散。虽然10%剂量的试件因灰剂量高形成一定强度,但也较消石灰稳定土差得多。随着养护龄期的增长,生石灰稳定土中各种反应继续进行,使其形成后期强度。由于石灰稳定该类土的离子交换和火山灰反应弱,无论是生石灰还是消石灰稳定,其后期强度都主依赖于$Ca(OH)_2$后期的碳酸化和自行结晶作用,生石灰消解释放的热量及活性对生石灰稳定该类土的后期强度影响不大,故其90d强度与消石灰稳定土差别不大。将生石灰稳定土的闷料时间增加至3~4h,此时稳定土内部温度较生石灰消解初期大为降低,所释放的热量不致造成结构膨胀破坏,反而对石灰与土间的反应起一定促进作用,加之刚消解的石灰活性与溶解度高,有利于石灰与土粒作用,因此,其7d强度较消石灰稳定土高。但由于该类土黏粒含量低,活性成分少,初期反应弱。故强度较消石灰稳定土提高不大。将闷料时间延长至6h,此时生石灰消解释放的热量已基本全部散失,对强度形成不再起作用,但此时石灰活性仍较高,故其7d强度较闷料3~4h的试件低,而较消石灰稳定土稍高。鉴于黄泛区生石灰土较差的稳定效果,且其工艺要求和工程造价较消石灰高,黄泛区不宜采用生石灰粉稳定土。

第二节　二灰稳定黄泛区土

二灰稳定土因具有较高的后期强度、良好的水稳性,在高速公路与等级路底基层中被广泛的采用。二灰土的强度和刚度、水稳性与冰冻稳定性及干缩性能受混合料配合比设计、施工压实控制方法、压实质量以及养生条件与龄期等条件的控制。虽然粉煤灰在国内外道路结构层中的应用已近半个世纪,但二灰稳定土,特别是二灰稳定黄泛区土的系统配合比设计方法,二灰配比与最佳含水率—最大干密度的关系,现场合理的碾压工艺,碾压质量和碾压质量控制方法及指标,施工温度与养生条件对二灰土使用性能的影响等理论与技术问题,尚待进一步探讨。本节根据G20齐河—夏津段高速公路工程的二灰土研究结果进行相关分析。

一、二灰土的强度机理

1.粉煤灰的活性

(1)粉煤灰的产生

粉煤灰主要是煤粉颗粒中不可燃的黏土矿物杂质转变而来。这些矿物杂质主要是铝硅酸盐类的黏土质矿物(黏土岩,页岩,长石等),氧化硅(石英)。黏土矿物在300℃脱去吸附水,650℃脱去结晶水,1 100℃晶格开始破坏。温度再升高,灰粒表面软化开始熔融。

煤粉中还有 RCO_3 矿物,RSO_3 矿物,铁的氧化物。这些矿物中,含水的 RSO_3 矿物脱水,排出 SO_2、SO_3;RCO_3 矿物在高温下排出 CO_2,碱性物质挥发。

燃煤电厂的最高炉温可达1 600℃,此温度除少量石英外,煤粉中的矿物杂质全部熔融,国内燃煤电厂的最高炉温一般在1 450~1 500℃(粉煤灰烧成温度越高,质量越好)。当煤粉进入高温炉堂后,灰粒在高温和空气的湍流中可燃物烧失,灰分子聚集分裂、熔融,在表面裂张力和外部压力等作用下形成水滴状物质,飘出锅炉后骤冷就固结成玻璃微珠。玻璃微珠的质量随烧成温度的升高而升高。煤粉燃烧后,形成10%~15%的灰渣粗粒(固体残渣)沉积在燃烧物的底部(叫炉灰或炉渣),85%~90%细灰回收为粉煤灰。

粉煤灰中的玻璃珠的成珠率越高,含碳量越低,质量就越好。

(2)粉煤灰的组成

燃煤发电时炉内温度最高可达1 600℃,在如此高的温度下,煤粉颗粒将发生一系列物理化学变化,最为显著的是随着燃煤残渣颗粒中气体溢出的同时,在表面张力作用下自发收缩表面,成为中空球状的粉煤灰颗粒。这些粉煤灰颗粒在形成过程中由于温度急剧变化,即由高温火焰区到温度较低的区域,使得粉煤灰的结构在很大程度上形成了非晶体的玻璃态。而正是这种空心玻璃态特性影响和决定了粉煤灰的应用特点与质量。

所谓玻璃态是指物体内在结构处于混乱无序的一种无定型固体状态,以这种状态存在的物体称之为玻璃体。高温熔融状态的粉煤灰在冷却过程中,受到较快冷却速度的影响,使熔体的黏稠度急剧增加而使熔体分子运动随之减缓,造成熔体分子无法进行规则有序的排列,而成为无定型的粉煤灰玻璃态。该过程冷却速度越快,玻璃体保持熔体原有混乱特征的程度就越大,活性越高。因此,粉煤灰玻璃体的性质不仅与其化学成分而且与其冷却速度密切相关。

正是由于在冷却时熔融状态的粉煤灰黏度大以及动力学条件不足等因素,阻碍了粉煤灰向晶体转化的可能性,粉煤灰玻璃体结构紊乱,是处于亚稳定态的非晶体(无定型)。当条件具备时,亚稳定态的玻璃体就会向某种稳定状态变化,因而,粉煤灰玻璃体紊乱的结构和相应的内能与结构整齐有序的晶体相比明显偏高,活性更强。

对粉煤灰及粉煤灰玻璃体性能造成影响的因素主要包括化学组成、矿物成分、颗粒形态和细度。

化学成分是评价粉煤灰品质(活性)的重要技术数据。由于发电用原煤有明显的区别,形成的粉煤灰成分有比较大的差别,表3-5为在全国采集的数十个粉煤灰样品化学组成大致范围。

粉煤灰(及高炉矿渣)化学组成范围 表3-5

成　分	氧化硅(SiO_2)	氧化铝(Al_2O_3)	氧化铁(Fe_2O_3)	氧化钙(CaO)	氧化镁(MgO)	烧 失 量
粉煤灰范围(%)	34~60	17~35	2~15	0.8~4	0.7~2	1.2~24
平均值(%)	50.6	27.2	7.0	2.8	1.2	8.2

因我国粉煤灰的 $SiO_2 + Al_2O_3 + Fe_2O_3$ 的含量 >70%,我国道路上又以含CaO量多少分为高钙粉煤灰和低钙粉煤灰。道路上规定:CaO含量在2%~6%叫硅铝粉煤灰;CaO含量在10%~40%叫高钙粉煤灰。

美国标准:$SiO_2 + Al_2O_3 + Fe_2O_3$ 含量 >70%,叫低钙粉煤灰;$SiO_2 + Al_2O_3 + Fe_2O_3$ 含量 >50%,叫高钙粉煤灰。

除上述几项主要成分之外,粉煤灰中还含有少量 SO_3、Na_2O 和 K_2O 等物质。当粉煤灰中氧化钙成分较高时,粉煤灰具有自硬胶凝性。由于我国大部分粉煤灰组成中氧化钙含量明显偏低,因此大多粉煤灰不具有自硬性,而只能依靠添加石灰(氢氧化钙)的手段使其产生胶凝性。对于低钙粉煤灰,氧化硅和氧化铝含量越高，粉煤灰活性就越大。而烧失量（即未燃尽的含碳量）越小，粉煤灰的品质就越好。

煤粉在锅炉中燃烧时，煤中的无机矿物经历了分解、烧结、熔融和冷却等过程。冷却后形成的粉煤灰所具有的矿物基本上是非晶态的玻璃体和晶体矿物两大类。冷却速度较快，相应玻璃体含量就越高；反之，冷却速度较慢时，玻璃体就容易转换为晶体。表3-6是数十种粉煤灰的矿物组成大致比例。

粉煤灰矿物组成　　表3-6

成　分	玻璃体	石　英	莫来石	赤铁矿	磁铁矿
范围（%）	50.2~79.0	0.9~18.5	2.7~34.1	0~4.7	0.4~13.8
平均值（%）	60.4	8.1	21.2	1.1	2.8

表中数据表明，粉煤灰中的玻璃体含量占矿物组成中大部分，平均值已占到总量的60%以上。由于粉煤灰与石灰的多种反应主要集中于非晶态的玻璃体，玻璃体含量越高的粉煤灰其活性（质量）就越好。

粉煤灰颗粒包括珠状颗粒、渣状颗粒、碳粒、钝角颗粒、碎屑和黏聚颗粒等。

珠状颗粒，包括漂珠（是薄壁的空心玻璃微微珠）、空心冶珠（厚壁的空心玻璃微珠，强度高，相对密度大）、复珠（子母珠，薄壁微珠中，黏附了大量细小的玻璃微珠）、密实冶珠（实心微珠）。

渣状颗粒，包括海绵状玻璃渣粒、海绵状多孔玻璃颗粒（粒径较粗）。

钝角颗粒，为未熔融或部分熔融的颗粒，大部分是石英颗粒。

粉煤灰的等级是由上述玻璃微珠、海绵状玻璃体、碳粒三种颗粒组成决定的，含玻璃微珠越多，质量越好；而含碳量（即烧失量）越大，粉煤灰的品质就越差。

干燥的粉煤灰呈细粉状，光滑而松软。显微镜下，呈多种形状和不同颜色（灰色、棕褐色和黑色）的颗粒混合物，实心和空心圆形小球占很大的比例。颗粒尺寸0.001~0.3mm，大部分的粒径波动在0.001~0.1mm之间。粒度多为粉砂状的无黏聚无塑性材料，具有充分发达的孔隙结构。湿排灰0.074~2mm颗粒约占40%，小于0.074mm的颗粒约占60%。液限高，约为65%，粉状粒径不具备塑性。密度接近于粉质砂土，为2.1~2.3g/cm^3，最大干密度1.1g/cm^{3}左右(土的最大干密度 1.65 ~ 1.95g/cm^3),属轻质材料。

由于随粉煤灰细度的提高,比表面积的加大,颗粒的内能较高,粉煤灰与石灰作用的能力与概率会随之加大。在粉煤灰的颗粒组成中,活性较低的氧化铁含量较少,而三氧化硫、钾、钠及钙、镁含量较多,这些成分是粉煤灰参与火山灰反应的激发剂,所以细度提高有利粉煤灰品质的提高;显微镜下观察,小颗粒的粉煤灰玻璃体含量较高时,晶相的石英、莫来石等原生矿物以及碳含量明显减少。随着小粒径亚稳状态的玻璃体含量加大,最终粉煤灰参与各种反应的程度将会大大提高。因此粉煤灰的细度越细,其性质就越好,细度成为标志粉煤灰使用品质的一项指标。其细度大小通常采用 0.045mm 或 0.080mm 筛的筛余量和比表面积来表示,法国标准规定,通过 0.04mm 筛的含量不小于 40%;我国道路上规定 0.075mm 筛通过率 >70%,比表面积 >2 500cm^2/g。

粉煤灰化学组成、矿物组成、玻璃微珠含量以及细度等因素是决定粉煤灰活性的物质基础,粉煤灰的组成结构,尤其是玻璃体的组成结构是影响粉煤灰性能的最根本原因。

(3)玻璃体结构

粉煤灰玻璃体中存在着$[SiO_4]^{4-}$、$[Si_2O_7]^{6-}$、$[Si_6O_8]^{12-}$等多种负离子基团,在不同条件下这些基团可能时分时合。在熔融状态下,这些负离子基团呈非聚合形态,随着温度下降,聚合过程占优势,形成不等数目的$[SiO_4]^{4-}$四面体聚合体,并以不同的连接方式聚合而成链状或网络状结构,而玻璃体中形成链状或网状的程度是决定粉煤灰结构的关键因素。

根据几种不同元素与氧元素形成的化学键(表示为 Me—O)的键强度可将氧化物划分为三类:网络形成剂,网络调整剂和中间剂。表 3-7 中的数据列出各氧化物的单键强度。

玻璃体中各氧化物的单键强度 表 3-7

MeO_x 中 Me	Si	Al	Al	Mg	Mg	Ca
价数	4	3	3	2	2	2
配位数	4	4	6	4	6	8
Me—O 单键强度(kJ/mol)	444	440 ~ 293	281 ~ 222	232	155	134

其中当键能大于335kJ/mol的氧化物可单独形成玻璃体，是网络形成剂，表中的键能表示Si^{4+}和配位数为4的Al^{3+}是网络形成离子，即玻璃体中的硅元素和部分铝元素可以将硅铝氧化物连成聚合度较高的状态；单键强度小于250kJ/mol的氧化物不能单独形成玻璃体，但能改变网络结构，处在网络之外称为网络调整剂，如氧化钙和氧化镁。这些氧化物的存在使得聚合度较高的网络结构发生解体，从而降低玻璃体中的聚合度；单键强度介于250~335kJ/mol的氧化物，其作用介于网络形成剂和网络调整剂之间，称为中间剂，如氧化铝、氧化铁等。当它们处于四配位时，则$[AlO_4]^{5-}$、$[FeO_4]^{5-}$是网络形成剂，可与$[SiO_4]^{4-}$共同组成网络结构；当以六配位状态存在时，则为网络调整剂。

其化学组成显示，粉煤灰能够形成网络结构的[Si]元素含量很高，而可引起网络解聚的[Ca]、[Mg]元素却很少，加之粉煤灰在形成过程中的热历史条件的局限，使得粉煤灰中的玻璃体将在很大程度上会以三维网架结构的形式存在，在这种结构中即使$[SiO_4]^{4-}$四面体网架不具有晶体那样的长程有序，但玻璃体仍保持短程上的有序，而且还可通过桥氧原子而成为连续结构体。正是粉煤灰玻璃体中形成了较为发达的链状或网状$[SiO_4]^{4-}$四面体，使得粉煤灰中的玻璃体结构相对稳定性较高，参与各种反应的“主动性”将受到明显影响，在碱性的激发下活性增强，化学反应有一个发展过程。

综上所述，粉煤灰玻璃体是以网络形成离子所组成的$[SiO_4]^{4-}$四面体为基本结构单位，$[SiO_4]^{4-}$之间由所谓的桥氧连接成空间网络，而四配位的Al^{3+}以$[AlO_4]^{5-}$四面体的形式参入组网。Ca^{2+}、Mg^{2+}以及六配位的Al^{3+}等网络改变离子处于网络链条之外，但又以一定的配位状态分布于网络结构中，其结构示意图如图3-2所示。

(4)粉煤灰潜在活性的激发

由于粉煤灰形成了具有链状或网络状的玻璃体结构，这种网状或链状$[SiO_4]^{4-}$离子状态稳定，加之粉煤灰质自身CaO含量非常低，使粉煤灰仅仅具有了潜在的活性，但在一般条件下，粉煤灰几乎不能与水发生反应，形成具有胶凝性的水硬性产物。从粉煤灰玻璃体结构组成分析中得知，网络形成剂(SiO_2)愈多，而网络调整剂(CaO)愈少，则联网的$[SiO_4]^{4-}$四面体就愈多，玻璃体结构的网络稳定性增大而活性减小。因此，要想使粉煤灰能够发生水硬性作用，必须设法将其中的$[SiO_4]^{4-}$四面体链状结构破坏掉（溶解），打破原有的电价平衡稳定结构，激发出粉煤灰所具有的活性。

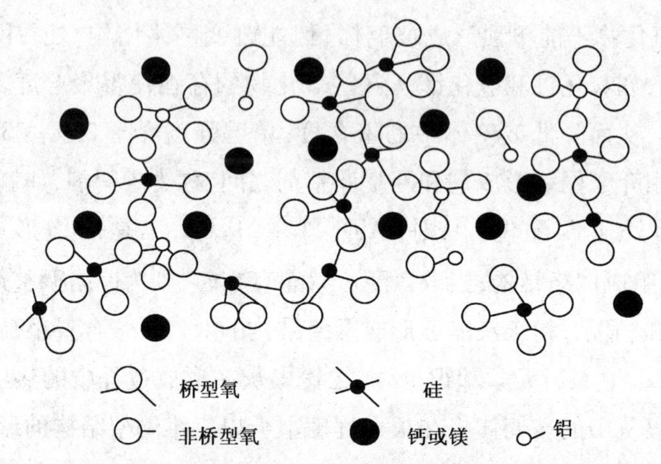

图 3-2　粉煤灰玻璃体结构示意图

在粉煤灰的$[SiO_4]^{4-}$四面体结构中，当配位体为 3 或 4 的 Al、Fe、B 等元素氧化物取代了四面体中的部分 Si 原子，特别是配位数大于或等于 6 的碱金属或碱土金属（如 Na、K、Ca、Mg 等）氧化物取代 Si 原子后，将会诱发聚合网架结构解聚。在解聚过程中，为了保持电中性，Si—O—Si 的键连接将断裂，桥氧（BO）和非桥氧（NBO）原子同时存在，后者具有的偶极可与改性的金属元素发生作用。处于网架四面体结构中的硅是四价的（Si^{IV}），因此，如果低化合价的原子（如Al^{III}）引入网架取代Si^{IV}，在引起网架连续聚合结构破裂的同时，额外的负电荷必须通过引入更低价态的阳离子（M^+或$0.5M^{2+}$）来加以平衡，如图 3-3 所示。

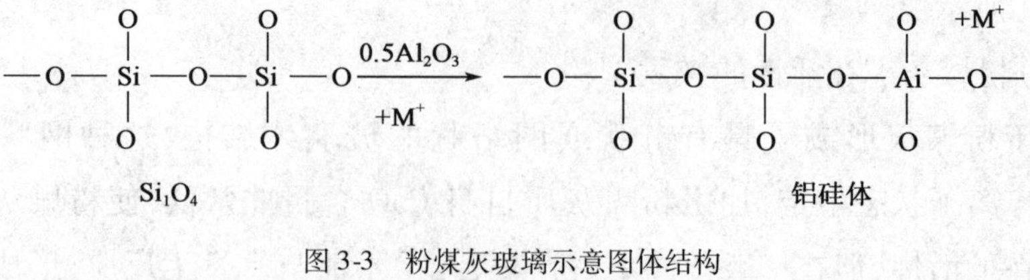

$$-O-\underset{\underset{O}{|}}{\overset{\overset{O}{|}}{Si}}-O-\underset{\underset{O}{|}}{\overset{\overset{O}{|}}{Si}}-O\xrightarrow[+M^+]{0.5Al_2O_3}-O-\underset{\underset{O}{|}}{\overset{\overset{O}{|}}{Si}}-O-\underset{\underset{O}{|}}{\overset{\overset{O}{|}}{Si}}-O-\underset{\underset{O}{|}}{\overset{\overset{O}{|}}{Ai}}-O-\quad +M^+$$

Si_1O_4　　　　　　　　铝硅体

图 3-3　粉煤灰玻璃示意图体结构

这样由于替代作用的发生，在玻璃体结构中形成了两种无序状况：一是网架中的原子被随机替代和必须引入的阳离子所产生的化学无序，二是三维结构的解聚所形成的结构无序。随着改性剂的加入,这种无序程序将进一步加大。当Na_2O(或K_2O、CaO、MgO等)加入后,网架显现出进一步地解聚,所形成的玻璃体为聚合度越来越小的硅(或硅铝体)的齐聚物,这些齐聚物具有大量负电荷的非桥氧(NBO)的终端。随着改性剂的增加,形成的玻璃体齐聚物结构变化非常之大。

如图3-4所示,NBO/Si比值为0时结构为充分聚合的四面体(Si_2O_4);NBO/Si比值为1时为片状(Si_2O_5);比值为2时为链状(Si_2O_7);而比值为3时仅能形成二聚体;比值为4时就是所谓单体——硅氧四面体(SiO_4)。因此,玻璃体的网架结构的解聚正是通过改性剂(如CaO)的加入来实现的,一价碱土金属盐的碱性激发,可加速玻璃体的网架结构的解聚,这是石灰粉煤灰固化强度和石灰粉煤灰加固土强度的形成原因,也是加入ROH/R_2CO_3可加速二灰土早期强度增长的根本原因。

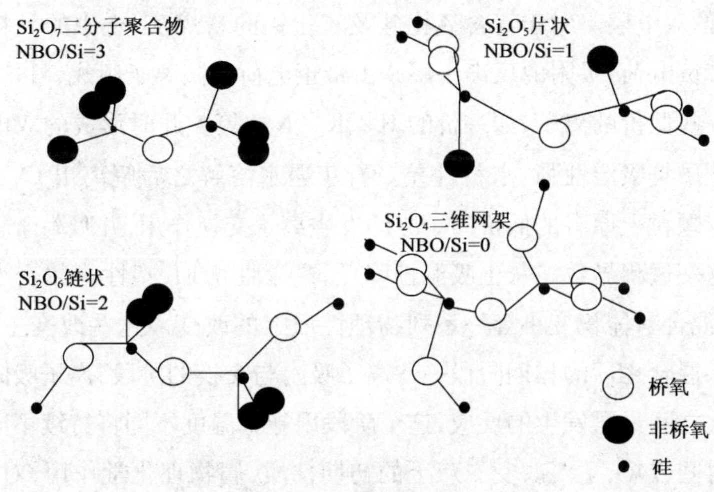

图3-4　不同聚合度玻璃体结构示意图

2. *石灰粉煤灰稳定土的机理*

二灰土系统的作用机理可分为石灰与粉煤灰之间的作用和石灰与土之间的作用。

(1)结晶作用

二灰土系统里,石灰遇水之后会不断溶解,达到过饱和时产生胶体化现象,

析出 $Ca(OH)_2$ 微晶体—石灰的重结晶。在胶体分散相自发聚集的作用下,逐渐形成大的结晶颗粒,这种新生晶体一方面起胶结作用,一方面形成的晶体空间网架结构,促进二灰材料的早期强度的形成,因而,高的二灰比(石灰:粉煤灰)的二灰土早期强度比低的二灰比的二灰土早期强度高。石灰的重结晶作用开始较早,属物理作用,其作用效果取决于石灰自身活性的大小,对二灰土结构强度形成贡献较小。

(2)离子交换与吸附作用

二灰土系统里,由于石灰的溶解,粉煤灰、土中黏土矿物结构的破坏、化学键的断裂,其表面总会形成一些多余的电荷。依据化学原理,在电荷趋于平衡的作用下,在物质的表面要吸附上一些电荷数相同但电性相反的电荷物质,这些带相反电荷物质并非在表面与原有离子之间形成一对一的单层排列,而是在物质表面依据异性电荷相吸和分子热运动的原理由近及远以先密后疏的方式进行分布,形成所谓双电层。对于富含氧化硅及氧化铝的粉煤灰、土中的黏粒等物质,表面通常带负电荷,吸附的反离子层是由带正电荷的阳离子组成,且这些阳离子大多数是一些低价的离子,如一价的 H^+、K^+、Na^+ 等。此时形成的双电层较厚,表现出的性质是吸湿性强、水稳性差。石灰遇水溶解之后解离出 Ca^{2+},能够与粉煤灰及土颗粒上原有的低价离子之间发生离子交换作用,并吸附于粉煤灰、黏粒表面。这一过程导致二灰土吸湿性降低,黏聚性增加,塑性指数变小,颗粒表面粗糙化、混合料体积变小等一系列物理性质上的改变。这些改变主要发生在二灰土与水混合之后的初期阶段——离子吸附与交换的阶段,离子吸附、交换作用是二灰土之间最早发生的反应,这个阶段因施工温度不同将持续不同时间,但一般持续时间较短,主要改变二灰土的初期性质,属物理化学作用,对二灰土结构强度形成贡献较小。能够产生离子吸附交换作用的粒径通常为 0.002 ~ 0.005mm,因而,黏粒含量高的二灰黏性土施工时,提前 3d 在黏性土中掺入 3% ~4% 的石灰,以降低土的黏性,可提高施工的和易性。

(3)火山灰作用

粉煤灰是一种典型的火山灰物质。所谓火山灰材料是含有较多活性的氧化硅和氧化铝组分,当与石灰混合后在水的参与下,能够生成类似水泥水化物的水硬性的胶凝材料。反应原理如下式所示：

$$SiO_2 + xCa(OH)_2 + (n-x)H_2O = xCaO \cdot SiO_2 \cdot nH_2O \tag{3-9}$$

$$Al_2O_3 + xCa(OH)_2 + (n-x)H_2O = xCaO \cdot Al_2O_3 \cdot nH_2O \tag{3-10}$$

生成的胶凝物质是式中含有结晶水的水化硅酸钙($xCaO \cdot SiO_2 \cdot nH_2O$)和水化铝酸钙($xCaO \cdot Al_2O_3 \cdot nH_2O$)，该种生成物在形成的初期是一种非晶体物质，尔后不断脱水硬化成为晶体。在脱水硬化形成晶体的过程中，温度越高，脱水硬化得越快，体积缩小得也快。干燥从表面开始，若养生不良，极易产生干缩。不同温度施工时，平稳、湿润的养生条件是抑制干缩最重要的措施。该反应产物具有良好的胶结作用和显著的水稳性(水不溶性)，能够将松散的粒状材料有效地胶结在一起形成整体结构，这是二灰土材料形成强度、具有良好力学性质和水稳定性的主要化学反应。该过程开始时间的早晚和持续时间的长短，随粉煤灰的细度、玻璃微体的含量、石灰的有效 Ca、Mg 含量、土的黏粒含量、pH 值、有机质含量以及施工的环境温度和养生条件而变化。火山灰作用比离子交换作用时间滞后较多，持续时间很长，生成的凝胶物质是二灰土形成结构强度的主要因素。正是由于 $Ca(OH)_2 \Leftrightarrow Ca^{++} + 2OH^-$；$Mg(OH)_2 \Leftrightarrow Mg^{++} + 2OH^-$，通过 Ca^{++}、Mg^{++}离子与黏土胶体颗粒扩散层中的 K^+、Na^+阳离子形成具有胶凝性能的凝聚结构，稳定土系统中，K^+、Na^+阳离子与大量 OH^-根离子的存在，提高了系统中的 pH 值，黏土和粉煤灰中的硅酸盐矿物在石灰的碱性激发下硅氧键、铝氧键不断溶解断裂，活性增加，促使其后的火山灰反应的不断进行。

由上可知，施工环境温度高、湿度适宜，内部碱性条件充足，粉煤灰、黏粒的聚集态结构易于解离，从而加速二灰土之间的火山灰反应，生成具有水硬性的凝胶产物，促进二灰土中固化结构的形成。

粉煤灰中的有效成分与 $Ca(OH)_2$ 发生火山灰反应是分步进行的。第一步是粉煤灰玻璃体中较高聚合度的聚集体解聚成低聚体，如一聚体(MO_4)、双聚体(M_2O_8)等(M 代表 Si 和 Al)；第二步是低聚体与 $Ca(OH)_2$ 生成水化硅酸钙(C—S—H)和水化铝酸钙(C—A—H)等凝胶物。第一阶段需要花费较长的时间使得吸附在粉煤灰颗粒表面的 $Ca(OH)_2$ 与链状的聚合体发生解聚作用。因为 Si—O 和 Al—O 键能大，加上玻璃体网络程度高和聚合度高等原因，故常温下解聚能力比较低,解聚速度比较慢。一旦粉煤灰玻璃体解聚,第二步低聚体硅、铝氧化物就易于同 $Ca(OH)_2$ 反应,生成水化硅酸钙(C—S—H)和水化铝酸钙(C—A—H)等凝胶物。因此粉煤灰初期反应的快慢取决于玻璃体解聚效果的快慢、温度的高低,而初期强度形成的快慢也在于可以被解聚的玻璃体的数量的多少以及解聚的玻璃体和 $Ca(OH)_2$ 反应后生成的凝胶物的多少。温度越低,二灰土的 pH 值越小,解聚越慢,二灰土强度生长得越慢;温度越高,二灰土的 pH 值越小,解聚越快,强度生长得越快,同时,体积收缩得也快,养生时若不能满足水分的供给,越易产生干缩开裂。由于粉煤灰自身结构上的稳定性和与石灰之间的火山灰反应的相对滞后特点,使得形成胶凝结构和胶凝晶体网架结构需要持续一定时间后才能充分产生。所以二灰土的早期火山灰反应非常缓慢。

从二灰土不同标准养生龄期显微电镜观察,养生 3d 可发现少量新生成的碳酸钙方解石立方形晶体,说明二灰土中碳酸化过程发生的相对较早,因生成物量少,对形成结构的贡献较少。养生 7d 以后,可看到大量的石灰重结晶的片状晶体,这些片状晶体的相互叠加、联系构成空间网格结构,一方面使二灰混合料的密实度提高,另一方面重结晶的石灰都是依存于粉煤灰颗粒的表面而生成,反过来通过片状晶体又加强了粉煤灰颗粒的联系,从而形成初步的结构强度。

二灰经 7d 龄期养生后,可直接观察到球型粉煤灰颗粒的周围和表面均积聚一些新生物质,这些具有不规则形状的产物就是经过火山灰反应生成的凝胶物。依靠这些凝胶物使原有独立的粉煤灰颗粒彼此之间形成有效连接、黏聚在一起。由于凝胶物是在不断吸收水分的作用下进行的,所以该产物是一种水硬性胶结物。与石灰重结晶形成的空间网格结构相比,胶凝结构有更高的水稳性。由于活性粉煤灰颗粒的溶解需要时间,养生龄期还比较短,粉煤灰颗粒表面积聚的胶凝物很少,材料整体的空洞还比较明显,早期强度较低。

与前一结构相比,经半个月养生龄期的微观结构,胶凝物积聚的更多,密实程度也更高,宏观上表现为龄期的增加,强度不断提高。可见,从前一种空间网格结构转换成胶凝结构是二灰材料形成真正水稳性结构和力学强度的重要一步。

随着火山灰反应持续不断的进行,胶凝物不断积累加厚。同时随着龄期的增长，出现了棒状和纤维状的结晶体，纤维晶体的形成是火山灰反应的进一步深入，这些晶体是在原有胶凝物的基础上发展起来的，晶体的形成不断加强胶凝物的密实程度，胶结的能力不断地提高。经过28d龄期的养生，材料大致以对角的形式分成两部分，每一部分都覆盖了大量胶凝物质，使其中一颗粉煤灰颗粒的轮廓变得模糊不清，而在中间又依靠大量的纤维晶体将两部分有效的连在一起。这种凝胶和纤维晶体共同发挥作用，有效强化整体性能的结构就是所谓的凝胶晶体网架结构，而这一结构的形成又进一步提升了二灰土材料的整体性。最终凝胶晶体结构发展成为凝胶中包含晶体，晶体又依附于凝胶物的相互依存关系，使二灰土材料的固化结构趋于完善的状态。

以上说明，压实后二灰混合料养生初期阶段(7d之前)石灰重结晶形成空间网格结构(大孔隙)，7d后活性粉煤灰颗粒在石灰激发下开始缓慢溶解，胶凝物质开始出现，7～14d是粉煤灰与石灰和土开始火山灰反应，由空间网格结构转化为胶凝结构的初期阶段，此时，二灰土里才开始形成真正的水硬性结构，二灰土的强度开始较快地增长。14～28d阶段，是凝网微晶不断生成、不断长大，成为棒状纤维晶体开始生长阶段。微晶的填充、大晶体的穿插连晶、形成胶凝晶体网架结构。28～60d的时间段，粉煤灰、土中黏粒结构溶解加快，胶凝晶体网架结构大量生成，并进一步密实，将混合物不断固化，进入强度较快增长阶段。此时的湿养生对抑制干缩至关重要。

二灰土中火山灰反应的两个阶段间隔时间大致可以通过氧化硅和氧化铝在一定条件下溶解量大小来显示。图3-5是在0.5M碱性条件下，粉煤灰水溶液中SiO_2、Al_2O_3溶解量随时间的变化结果。由图3-5可知，在开始的2～3d时间里，两种氧化物的溶解量很小，第4d溶解量开始显著增加。因而，碱性的激发，是促使二灰土早期强度生长的催化剂。表3-8显示，加入碱土金属盐后，二灰稳定黄泛区粉土早期强度迅速增长，随龄期增长，

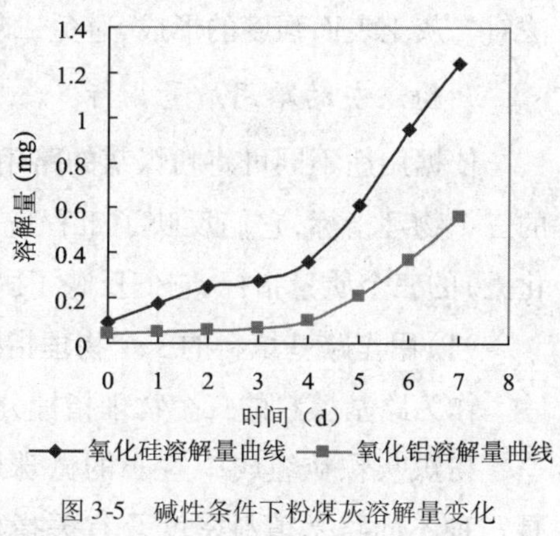

图3-5　碱性条件下粉煤灰溶解量变化

强度增长率下降。说明了碱性激发对粉煤灰玻璃体和土中黏土矿物的硅氧键解聚的催化作用。如果土中有机质含量高,有机质水解呈酸性,能降低二灰土中的pH值,不利于硅氧键的解聚,将抑制二灰土强度的生成。

碱性激发下的二灰稳定黄泛区粉土强度增长　　表3-8

二灰粉性土配比 13:29:58	无碱性激发条件下无侧限抗压强度(MPa)	外掺0.5%无侧限抗压强度(MPa)		外掺0.5%强度增长率(%)	
		Na_2CO_3	NaOH	Na_2CO_3	NaOH
7d	泡散	0.91	1.02		
28d	1.07	2.06	2.04	93	87
90d	2.34	3.88	3.38	66	63

注:粉性土的塑性指数为10.5。

综上所述,二灰土的固化结构分阶段形成,初期(7d)主要是由石灰重结晶形成的空间网格结构;而后进入火山灰反应阶段,形成具有水硬性胶凝性能的凝胶结构,凝胶结构具有良好的结构稳定性和显著的结构承载力;此后,凝胶和纤维晶体共同作用,形成有效强化整体性能的结构即凝胶晶体网架结构。

二灰加水后的前数天时间里,只是在二灰之间发生一些以物理变化为主的过程(如表面离子吸附交换过程、碱性成分对粉煤灰颗粒表面的侵蚀溶解作用等),不能在石灰和粉煤灰之间产生充分的火山灰作用。施工中,拌和好的混合料延迟2~3d再碾压,只要含水率保持在最佳含水率附近,对二灰土的路用性能影响不大。因初期强度低,压实好的混合料,不能被水浸泡,初期合理的养生方法对二灰土表面强度的形成,避免二灰土产生软弱表层至关重要。

3. 粉煤灰的路用质量指标

依据用途不同可将粉煤灰的路用质量指标分为两类,一类是做道路填料时的三个物理指标,它们反映了工程应用的三个特性。另一类是用作稳定土(固化土)的三个质量指标,它们反映了固化土时的固化能力与活性。

(1)用作路基填料的三个物理指标

作为路基填料的三个物理指标分别为击实性能、渗透性、颗粒分布。

粉煤灰颗粒组成中空心的微珠颗粒含量大于70%,相对密度小。表3-9是三种不同路基填料密度及有关指标范围。由表可见,粉煤灰的相对密度比黏土轻23%,干密度小43%,是一种轻质材料,可用于台背回填与高路堤填料。

不同填料密度及有关指标比较　　表3-9

填料名称	压实后湿密度(g/cm^3)	最大干密度(g/cm^3)	相对密度	压实后最小孔隙比
粉煤灰	1.40~1.45	0.90~1.05	1.95~2.15	1.10~1.20
黏性土	1.90~2.05	1.60~1.85	2.70~2.76	0.50~0.70
砂土	1.90~2.00	1.60~1.80	2.65~2.69	0.60~0.70

粉煤灰压实后的孔隙比大,毛细现象十分强烈。粉煤灰颗粒较为均匀、单一,均匀的颗粒级配决定了它较大的孔隙率。压实后发达的孔隙率决定了毛细作用强烈,具有冻敏性。渗透系数为$1\times10^{-4}\sim5\times10^{-4}$cm/s,渗水性强,透水性较大,且饱水后强度急剧降低。渗透性取决于它的压实度。室内试验的压实度与渗透系数关系如图3-6。室内以44%的含水率、89%压实度制件,观察毛细水上升高度达120~130cm,说明压实后的孔隙比仍较大,它的毛细现象十分强烈。这一特性在路基设计和施工时应引起足够重视。为了保证用作台背与路堤的稳定,粉煤灰在施工中应有严格的隔、排水设施。由于粉煤灰是一种多孔材料,渗透性比黏土大得多,受雨季影响较小,雨季施工的优越性特别明显,是雨季施工的好材料。

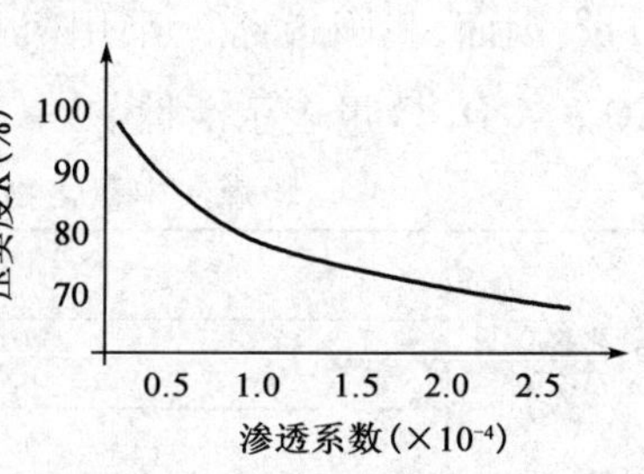

图3-6　粉煤灰的渗透性与压实度的关系

粉煤灰具有较大的最佳碾压含水率范围(35%~40%)、较小的最大干密度($\leq1.1g/cm^3$)。粉煤灰主要由粉粒组成,小于0.002~0.005mm的颗粒极少,液限较大,几乎无黏结性和可塑性。压实性能上表现出难压实,压实主要依靠压实机械强度使其颗粒间产生挤松—排列—压实—再挤松—再密实的循环过程。

(2)用于稳定(固化)土时的三个质量指标

用于稳定(固化)土时,粉煤灰的物理和化学技术指标主要有烧失量(含碳量)、各种氧化物含量(有的也用凝硬性指数)和细度三个指标。

烧失量(含碳量)是指在800~900℃温度下能烧失的质量损失率。烧失量影响粉煤灰的颜色。因为碳颗粒的颗粒粗,孔隙度高,易吸水,水解呈酸性,能减少粉煤灰的细度,会降低粉煤灰的活性,还可增加拌和时的需水量,所以,美国一些州的运输部规定最大烧失量不超过10%,也有些州和联邦航空局对含碳量不作规定。我国《公路路面基层施工技术规范》(JTJ 034—2000)规定其含量不能超过20%。

粉煤灰中氧化物的含量对二灰混合物的强度产生较大的影响,比较试验结果见表3-10。因此,我国《公路路面基层施工技术规范》)(JTJ 034—2000)和一些国家都规定粉煤灰中氧化物的含量要大于70%。有时也用凝硬活性指数PAI(pozzolanic activity index)表示。一般认为凝硬活性指数是粉煤灰反应能力的一个指标,虽然PAI与粉煤灰表面的物理及化学的特征相对应,与粉煤灰的细度有关,但凝硬活性指数并不反映存在于粉煤灰之中的活性物质(无定形玻璃体)的数量,因而,我国道路上采用氧化物含量表示活性成分含量,也有研究文献用SiO_2/Al_2O_3含量表示活性。

粉煤灰中氧化物含量对二灰混合料抗压强度的影响 表3-10

氧化物含量(%)	抗压强度(MPa)						
	龄期						
	7d	14d	28d	2月	3月	9月	12月
50.2	0.24	0.35	0.44	0.94	1.31	2.67	3.56
79.4	0.76	1.00	1.60	2.03	2.30	4.18	4.53
87.1	0.92	1.49	1.93	3.35	4.92	8.32	9.23

一般将粉煤灰的细度规定为在指定孔径(一般约为45μm)的筛子上筛余的粉煤灰数量的限度。粉煤灰颗粒的粗细直接影响与石灰或水泥混合后反应生成物的数量,粉煤灰的颗粒越细,比表面积越大,活性越强,从而增加混合料的抗压强度。细度可被用来粗略地控制粉煤灰的需水量和凝硬活性指数。表3-11为交通运输部公路科学研究院用甘肃西固电厂粉煤灰做的对比试验的结果。我国和部分国家规定粉煤灰的颗粒组成宜符合表3-12的要求。

粉煤灰细度对二灰混合料强度的影响　表 3-11

粉煤灰粗细	石灰:粉煤灰:土	最佳含水率(%)	最大干密度(g/cm^3)	抗压强度(MPa)						
				7d	14d	28d	3月	6月	10月	12月
粗灰	10:40:50	25.6	1.25	0.46	0.61	0.85	1.19	1.66	4.27	5.20
细灰	10:40:50	31.1	1.26	0.60	0.86	1.16	1.59	2.44	4.97	6.13

部分国家及我国对粉煤灰的颗粒组成的规定　表 3-12

筛孔尺寸(mm)	通过百分率(%)	我国
1.18	100	粉煤灰的比表面积宜 >2 500cm^2/g(或 90% 通过 0.3mm 筛孔,70% 通过 0.075mm 筛孔)
0.15	75	
0.075	45	

二、二灰土原材料

G20 齐河—夏津段高速公路工程所采用粉煤灰的细度、烧失量、主要成分(SiO_2、Fe_2O_3、Al_2O_3)含量见表 3-13,石灰的 CaO、MgO 含量等见表 3-14。

粉煤灰分析结果　表 3-13

项目		检测结果(%)	规范要求(%)
细度	0.075mm 筛通过率	64.54	>70
	0.3mm 筛通过率	96.99	>90
烧失量		15.61	<20
SiO_2		44.76	
Fe_2O_3		13.08	
Al_2O_3		20.49	
$SiO_2+Fe_2O_3+Al_2O_3$		78.33	>70

石灰分析结果　表 3-14

样品名称	检测结果(%)			结论
	CaO	MgO	CaO + MgO	
消石灰	64.91	0.78	65.69	Ⅰ级钙质消石灰
备注	一级石灰:CaO + MgO >65%			

表 3-13 和表 3-14 表明,当地粉煤灰颗粒偏粗,细度略超出规范要求;石灰为Ⅰ级钙质消石灰。

选取 G20 齐河—夏津段沿线六个合同段取土场中黏粒含量较高的十种粉质黏土，作为二灰土底基层用土。其液塑限见表 3-15、颗粒分布见表 3-16 和图 3-7。

土的液塑限　　表 3-15

土样编号	液限 W_l (%)	塑限 W_p (%)	塑性指数 I_p	土样编号	液限 W_l (%)	塑限 W_p (%)	塑性指数 I_p
11	36.0	18.5	17.5	41	28.7	17.2	11.5
21	29.3	17.4	11.9	42	38.0	22.0	16.0
22	29.7	17.1	12.6	51	30.5	18.3	12.2
23	36.0	20.5	15.5	52	29.5	18.6	10.9
31	31.5	18	13.5	61	34.6	19.4	15.2

注：土样编号第一位表示合同段，第二位表示该合同段土类。

土的颗粒分布　　表 3-16

土样编号	颗粒百分含量(%)						d_{60}	d_{30}	d_{10}	C_u	C_c
	>0.075 mm	0.075 ~ 0.05 mm	0.05 ~ 0.01 mm	0.01 ~ 0.005 mm	<0.005 mm	<0.002 mm					
11	0.3	5.6	50.5	15.9	27.7	15.0	0.016	0.012	0.001	16.00	2.250
21	17	39.3	36.1	2.7	5.0	3.9	0.061	0.055	0.013	4.692	1.918
22	0.3	13.8	65.3	7.0	13.6	9.1	0.032	0.026	0.003	10.66	2.667
23	0.3	3.7	47.1	13.5	35.4	21.4	0.015	0.011			
31	0.2	6.4	55.0	13.8	24.7	14.9	0.020	0.015	0.001	20.00	2.450
41	1.7	28.3	57.4	4.5	8.1	3.1	0.043	0.037	0.007	6.143	2.076
42	0.0	2.4	46.5	17.2	33.9	19.0	0.014	0.010			
51	0.4	7.1	61.8	12.8	18.0	9.9	0.025	0.019	0.002	12.50	2.000
52	0.5	9.2	65.5	13.5	11.3	3.9	0.027	0.022	0.005	5.400	1.067
61	0.3	3.7	47.9	18.2	29.9	17.6	0.014	0.011			

注：土样编号同上 3-15 表。

表 3-15、表 3-16 和图 3-7 显示，所采用的土颗粒级配较好，土的塑性指数在 10.9 ~ 17.5 之间。

以塑性指数为横坐标、细粒径（小于 0.002mm、0.005mm）含量为纵坐标来反映较细粒径含量与塑性指数的关系，如图 3-8 所示。

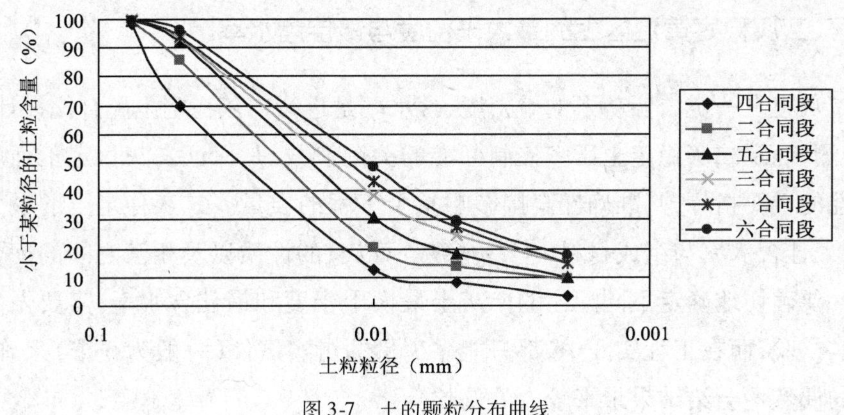

图3-7　土的颗粒分布曲线

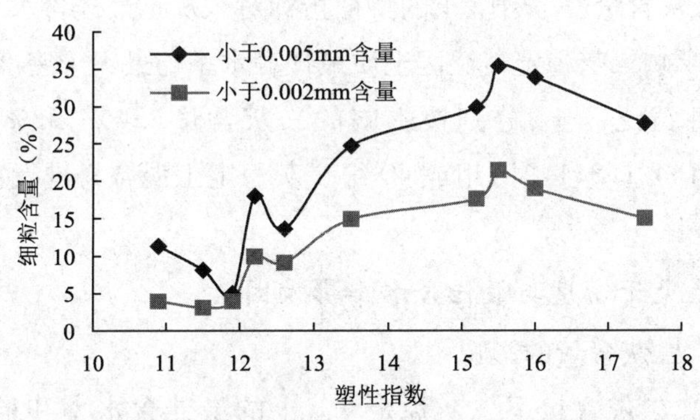

图3-8　较细颗粒含量与土的塑性指数的关系

由图3-8可知，对塑性指数的影响，小于0.005mm颗粒含量与小于0.002mm颗粒含量所表现出的规律一致，且小于0.005mm颗粒含量比小于0.002mm颗粒含量反映地更明显。这是因为0.005mm颗粒是黏粒与胶粒的过渡粒径，0.005～0.002mm的颗粒已具有了薄膜水的吸附作用，也能反映土与水相互作用的性质。在土的颗粒级配中属于填充颗粒，对土的可塑性指标与压实性质影响很大。因此，可把它当作土的特征粒径来判断土与二灰土的压实形状。

选取六种土作为试验用土，分别用T_{128}、T_{214}、T_{325}、T_{48}、T_{518}、T_{630}表示（T表示土，下标第一位数字1～6分别表示一至六合同段，第二、第三数字表示土中粒径小于0.005mm颗粒含量）。

三、二灰稳定黄泛区土的最大干密度与最佳含水率

二灰土在一定击实功下的干密度、含水率是进行二灰稳定土配合比设计、施工、检测,确定二灰稳定土压实控制标准的关键参数,是保证二灰稳定土强度和稳定性的重要指标,其准确性直接影响整个工程的质量。二灰稳定土的最大干密度、最佳含水率与组成材料(土、粉煤灰、石灰)的性质以及相互之间的配合比有关。要确切地确定不同配比的二灰土最大干密度和最佳含水率,需要做大量的击实试验,而在工程实践中,都只能靠少量的击实试件(一般为6个)来确定,试验的偶然性会给结果带来较大的偏差。

为了分析二灰含量、二灰比、土的特征指标对二灰土最佳含水率与最大干密度的影响,确定影响二灰稳定黄泛区土质最佳含水率与最大干密度的关键参数,采用前述的六种黄泛区土,分别按不同的二灰含量(24%、32%、36%、40%、48%)、二灰比(1:4、1:3、1:2),组成40组二灰稳定土混合料进行室内重型击实试验。

1. 二灰土最大干密度与最佳含水率影响因素

(1)二灰比、二灰含量的影响

不同二灰比、二灰含量下二灰稳定T_{214}土的最佳含水率和最大干密度见表3-17,击实曲线见图3-9。

二灰土(T_{214})最佳含水率与最大干密度　　表3-17

击实指标	二灰比	二灰含量				
		24%	32%	36%	40%	48%
最佳含水率 w_{op}(%)	1:4	18.8	20.2	21.0	20.5	22.0
	1:3	19.0	20.0	20.5	21.0	22.0
	1:2	19.4	19.8	20.3	21.5	21.5
最大干密度 γ_d (g/cm^3)	1:4	1.595	1.541	1.501	1.479	1.445
	1:3	1.584	1.542	1.497	1.489	1.439
	1:2	1.584	1.550	1.495	1.492	1.442

图3-9显示,二灰粉质黏土的击实曲线的驼峰随二灰含量的增加而越来越平缓;二灰含量增大,最大干密度γ_d减小,最佳含水率w_{op}增大。同一种土、相同

二灰含量、不同二灰比的二灰土击实曲线具有相似的形状，峰值范围非常接近，最佳含水率与最大干密度差别很小。这说明二灰比对最大干密度、最佳含水率的影响较小。

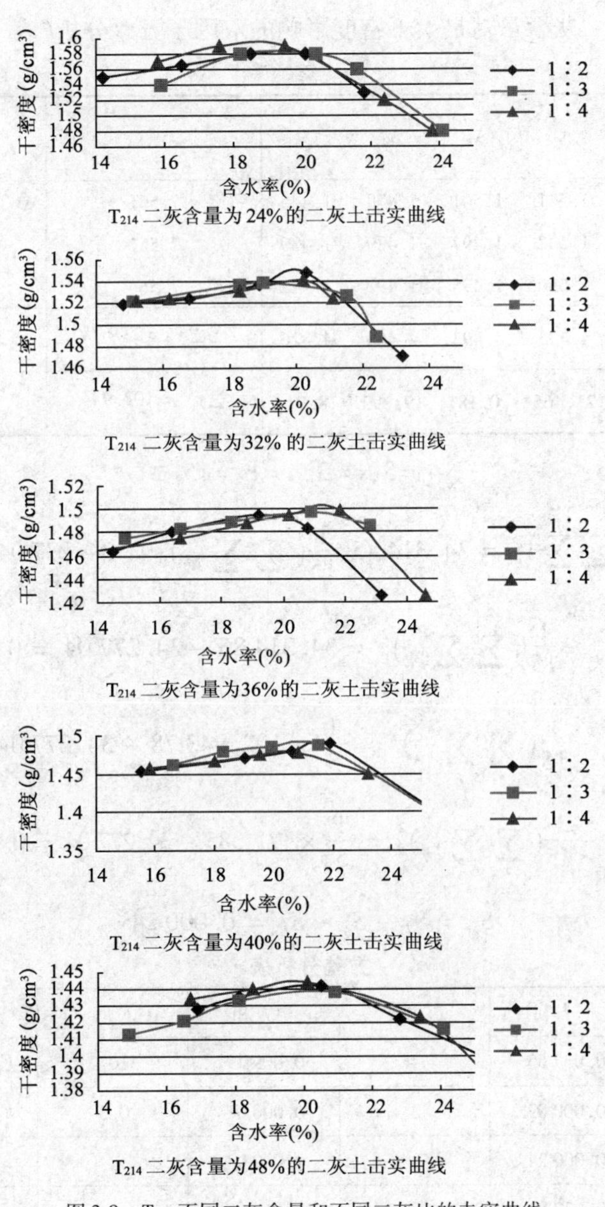

图3-9　T_{214}不同二灰含量和不同二灰比的击实曲线

分别对试验结果进行双因子方差分析，二灰含量、二灰比分别为因子 A、因子 B；5 个不同的二灰含量（24%、32%、36%、40%、48%）、3 个不同的二灰比（1:4、1:3、1:2）分别是因子 A、B 的不同水平（分别记为 A1、A2、A3、A4、A5；B1、B2、B3）。

①二灰比、二灰含量对最大干密度影响的双因子方差分析（表 3-18，表 3-19）

计 算 表 表 3-18

B \ A	A_1	A_2	A_3	A_4	A_5	$y_{\cdot j}$	$y^2_{\cdot j}$
B_1	1.595	1.541	1.501	1.479	1.445	7.561	57.169
B_2	1.584	1.542	1.497	1.489	1.439	7.551	57.018
B_3	1.584	1.550	1.495	1.492	1.442	7.563	57.199
$y_{i\cdot}$	4.763	4.633	4.493	4.460	4.326	$\sum_i \sum_j y_{ij} = 22.675$	$\sum_j y^2_{\cdot j} = 171.385$
$y^2_{i\cdot}$	22.686	21.465	20.187	19.892	18.714	$\sum_i y^2_{i\cdot} = 102.944$	

$$r = 5, s = 3, n = rs = 15$$

$$\sum_i \sum_j y_{ij}^2 = 34.314\,85, \frac{1}{15}\left(\sum_i \sum_j y_{ij}\right)^2 = 34.277\,04$$

$$S_T = \sum_i \sum_j y_{ij}^2 - \frac{1}{15}\left(\sum_i \sum_j y_{ij}\right)^2 = 34.314\,85 - 34.277\,04 = 0.037\,81$$

$$S_A = \frac{1}{3}\sum_i y_{i\cdot}^2 - \frac{1}{15}\left(\sum_i \sum_j y_{ij}\right)^2 = \frac{1}{3} \times 102.943\,78 - 34.277\,04 = 0.037\,55$$

$$S_B = \frac{1}{5}\sum_j y_{\cdot j}^2 - \frac{1}{15}\left(\sum_i \sum_j y_{ij}\right)^2 = \frac{1}{5} \times 171.385 - 34.277\,04 = 0.000\,02$$

$$S_e = S_T - S_A - S_B = 0.000\,24$$

方差分析表 表 3-19

方差来源	平方和	自由度	均方和	F 值	F 值临界值
因素 A	0.037 55	4	0.009 39	310.2	$F_{0.95}(4,8) = 3.84$
因素 B	0.000 02	2	0.000 01	0.3	$F_{0.95}(2,8) = 4.46$
误差	0.000 24	8	0.000 03		
总和	0.037 81	14			

$F_{0.95}(4,8) > F_{0.95}(4,8)$，而 $F_B(2,8) > F_{0.95}(2,8)$，说明在 $\alpha = 0.05$ 显著性水平下，因子 A 的不同水平对试验结果有显著影响，而因子 B 的不同水平对试验结果没有显著性影响。

②二灰比、二灰含量对最佳含水率影响的双因子方差分析

用相同的方法计算得 $F_A = 21.8$，$F_B(2,8) = 0$；$F_A(4,8) > F_{0.95}(4,8)$，$F_B(2,8) < F_{0.95}(2,8)$，说明二灰含量对二灰土最佳含水率的影响具有显著性，二灰比的影响很小。

上述计算结果说明，二灰含量对二灰土的最大干密度、最佳含水率有非常显著的影响，而二灰比对其影响很小。这是因为黄泛区土与粉煤灰的颗粒级配影响二灰土压实过程中的嵌挤、排列与填充作用，粉煤灰的干密度小，质量轻，因此，二灰土最大干密度主要受粉煤灰的干密度、土与粉煤灰的颗粒级配的影响。此外，石灰粉煤灰含量的变化梯度也是二灰土最大干密度与最佳含水率影响的重要因素。粉煤灰的吸水性是影响二灰土最佳含水率的主要因素。

因此，对二灰稳定黄泛区土，当二灰比变化在1:4～1:2之间时，影响二灰土最大干密度与最佳含水率的主要因素是二灰含量而不是二灰比。二灰含量一定，二灰比在1:4～1:2之间，可忽略二灰比对二灰稳定黄河冲（淤）积土最大干密度与最佳含水率的影响。

(2)土的特征粒径、二灰含量的影响

通过对相同二灰比(1:3)，不同土和不同二灰含量的25组二灰土的击实试验，分析考查土的特性、二灰含量对二灰土最大干密度与最佳含水率的影响。最大干密度和最佳含水率见表3-20，部分击实曲线见图3-10。

最佳含水率和最大干密度　　表3-20

击实指标	土类	二灰含量				
		24%	32%	36%	40%	48%
最佳含水率 w_{op}(%)	T_{48}	19.5	20.7	21.5	22.5	23.2
	T_{214}	19.0	20.0	20.5	21.0	22.0
	T_{518}	19.6	20.6	20.8	21.3	23.1
	T_{325}	20.2	21.0	21.5	21.8	23.5
	T_{128}	19.4	20.0	21.2	22.5	24.5
	T_{630}	21.8	24.9	25.6	26.0	27.3

续上表

击实指标	土类	二灰含量				
		24%	32%	36%	40%	48%
最大干密度 γ_d (g/cm^3)	T_{48}	1.54	1.50	1.47	1.44	1.40
	T_{214}	1.58	1.54	1.50	1.49	1.44
	T_{518}	1.63	1.57	1.54	1.50	1.44
	T_{325}	1.62	1.56	1.54	1.50	1.45
	T_{128}	1.58	1.54	1.50	1.47	1.44
	T_{630}	1.52	1.49	1.47	1.45	1.39

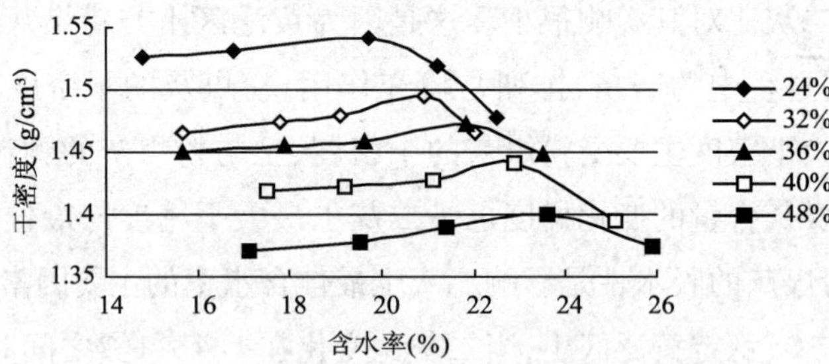

不同二灰含量时 T_{48} 二灰土的击实曲线

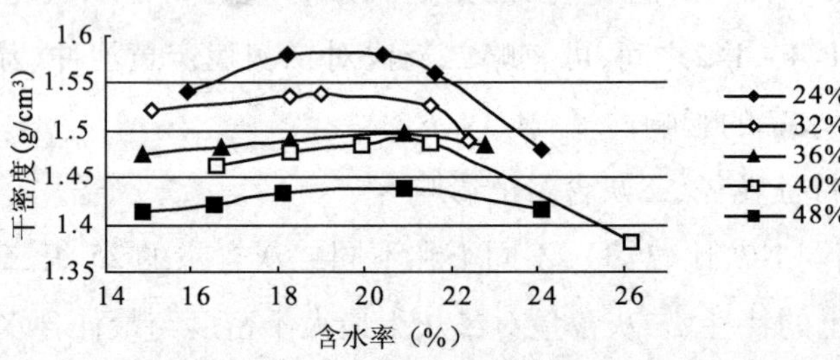

不同二灰含量时 T_{218} 二灰土的击实曲线

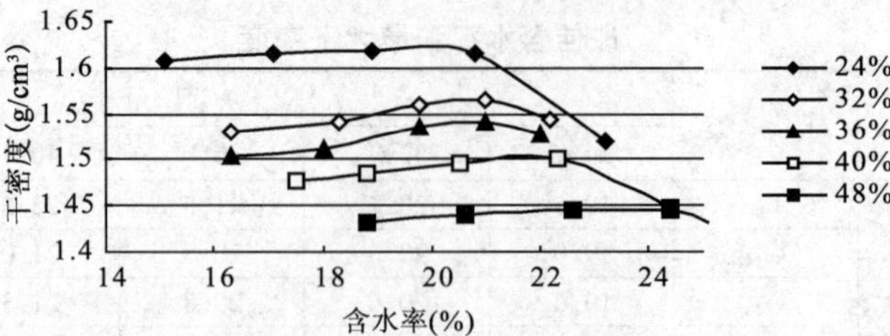

不同二灰含量时 T_{325} 二灰土的击实曲线

图 3-10

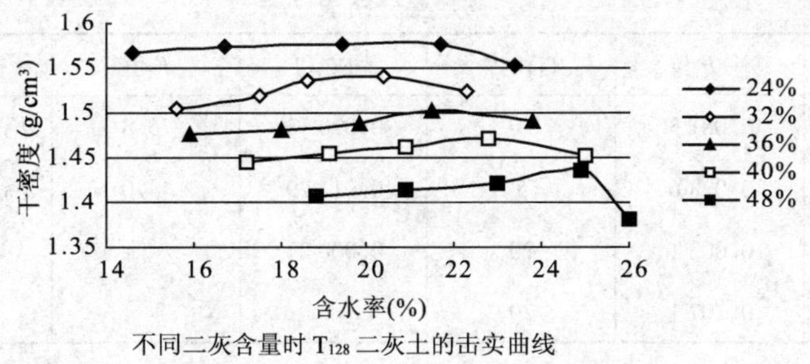

不同二灰含量时 T_{128} 二灰土的击实曲线

图 3-10　不同土质与不同二灰含量二灰土击实曲线

图 3-10 显示,不同黏粒含量(<0.005mm)、不同二灰含量的击实曲线形状受土的黏粒与二灰含量控制,含量越高,驼峰越平缓。这说明二灰土的最佳含水率受土中黏粒含量与二灰含量控制(图 3-11)。土的黏粒含量在 14% ~27% 之间二灰土最大干密度较大,此范围以外,黏粒含量越低干密度越小,黏粒含量越高干密度也越小(见图 3-12)。

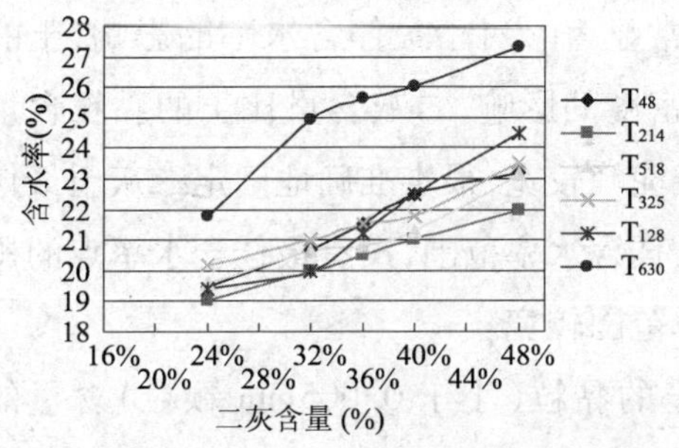

图 3-11　二灰土的含水率随二灰含量的变化

图 3-12　二灰土的干密度随二灰含量的变化

对试验结果进行双因子方差分析,二灰含量、土类分别为因子 A、因子 B,5 个不同的二灰含量(24% 、32% 、36% 、40% 、48%)、6 类不同的土(1 ~6 合同段)分别是因子 A、B 的不同水平(分别记为 A_1、A_2、A_3、A_4、A_5;B_1、B_2、B_3、B_4、B_5、B_6)。

①土的特性、二灰含量对二灰土最大干密度影响的显著性分析

查表可知,$F_A(4,20) > F_{0.95}(4,20)$,$F_{0.95}(5,20) > F_{0.95}(5,20)$,说明在 $\alpha = 0.05$显著性水平下,因子 A、B 的不同水平对试验结果都有显著影响。因而土的特征粒径、二灰含量对二灰土的最大干密度的影响都非常显著。

方差分析表 表 3-21

方差来源	平方和	自由度	均方和	F 值	F 值临界值
因素 A	0.081 3	4	0.020 33	75.8	$F_{0.95}(4,20)=2.87$
因素 B	0.023 6	5	0.011 79	44.0	$F_{0.95}(5,20)=2.71$
误差	0.002 1	20	0.000 27		
总和	0.107 1	29			

②土的特征粒径、二灰含量对二灰土最佳含水率影响的显著性分析

同理知 $F_A(4,20)=17.7$，$F_B(5,20)=44.1$；可知 $F_A(4,20)>F_{0.95}(4,20)$，$F_B(5,20)>F_{0.95}(5,20)$，说明土的特征粒径、二灰含量对二灰土最佳含水率的影响都具有显著性。

由于黏性土中的黏粒含量高，除粉煤灰的吸水量大外，黏粒矿物的双电层水理性质使得二灰黏土比二灰粉土、二灰粉质黏土最佳含水率范围更宽，含水率更高，干密度稍低。上述结果表明，土中黏粒（<0.005mm）含量、二灰含量对二灰土最佳含水率与最大干密度的影响都非常显著。对于最佳含水率的影响，土的黏粒含量比二灰含量更强。对于最大干密度的影响，二灰含量比土的黏粒含量更明显。击实曲线表明，二灰土击实曲线驼峰较宽，很难准确地确定二灰土最佳含水率点的位置。这说明，二灰土只有最佳含水率范围，没有最佳含水率点的概念，现场碾压质量控制的最佳碾压含水率范围较宽。

二灰土的最大干密度随二灰含量、土的黏粒（小于 0.005mm 颗粒）含量的增加而呈规律性的变化，下面进一步探讨它们之间的关系。

2. 二灰含量与二灰土最大干密度、最佳含水率的关系

(1) 二灰含量与最大干密度的关系

二灰土的最大干密度与二灰含量的关系见图 3-13。

图 3-13 显示，二灰含量与二灰土的最大干密度呈很好的线性关系。以二灰含量为 x、最大干密度为 y，对二灰土最大干密度与二灰含量的关系进行一元线性回归，得二灰稳定黄泛区土最大干密度与二灰含量的回归方程：

$$y=\beta_0+\beta_1 x \tag{3-11}$$

回归参数 β_0、β_1 见表 3-22。

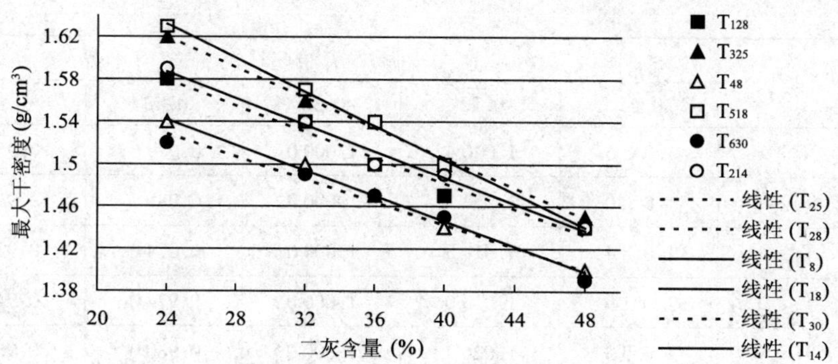

图 3-13　二灰含量与二灰土的最大干密度关系

二灰土最大干密度与二灰含量回归方程参数　　表 3-22

参数	T_{128}	T_{214}	T_{48}	T_{518}	T_{630}
β_0	1.726 5	1.746 0	1.686 0	1.824 0	1.657 5
β_1	−0.612 5	−0.650 0	−0.600 0	−0.800 0	−0.537 5
σ^2	1.05×10^{-4}	1.20×10^{-4}	2.67×10^{-5}	1.33×10^{-5}	9.17×10^{-5}
R^2	0.974 4	0.985 8	0.993 1	0.998 1	0.971 1

上述结果表明,不同土组成的二灰土的最大干密度,随二灰含量的增加其下降趋势基本一致。把各类土组成的二灰土的最大干密度除以同类土 36% 二灰含量时的干密度,对二灰土的最大干密度进行无量纲化,得到相对最大干密度,结果见表 3-23。采用不同土质的试验结果的平均值来回归二灰含量—相对最大干密度关系,见图 3-14。

最大干密度无量纲化　　表 3-23

土类	二 灰 含 量				
	0.24	0.32	0.36	0.40	0.48
T_{48}	1.54	1.50	1.47	1.44	1.40
T_{214}	1.59	1.55	1.50	1.48	1.44
T_{518}	1.63	1.57	1.54	1.50	1.44
T_{325}	1.62	1.56	1.54	1.50	1.45
T_{128}	1.58	1.54	1.50	1.47	1.44
T_{630}	1.52	1.49	1.47	1.45	1.39

续上表

土类		二灰含量				
		0.24	0.32	0.36	0.40	0.48
无量纲化	T_{48}	1.047 6	1.020 4	1.000 0	0.979 6	0.952 4
	T_{214}	1.060 0	1.033 3	1.000 0	0.986 7	0.960 0
	T_{518}	1.058 4	1.019 5	1.000 0	0.974 0	0.935 1
	T_{325}	1.051 9	1.013 0	1.000 0	0.974 0	0.941 6
	T_{128}	1.053 3	1.026 7	1.000 0	0.980 0	0.960 0
	T_{630}	1.034 0	1.013 6	1.000 0	0.986 4	0.945 6
平均		1.050 9	1.021 1	1.000 0	0.980 1	0.949 1

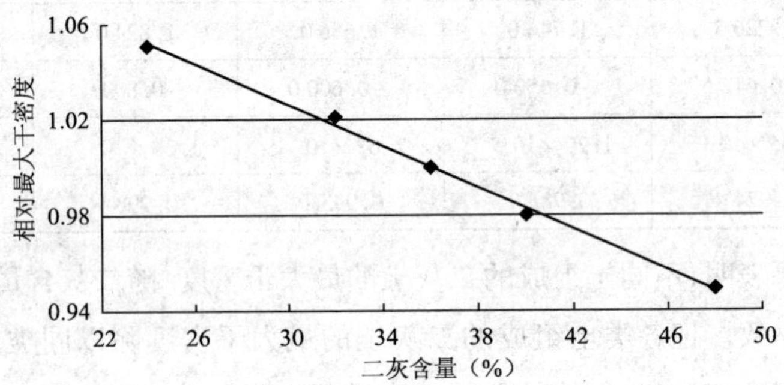

图 3-14　二灰含量与相对最大干密度的关系

图 3-14 显示，二灰含量与相对最大干密度存在良好的线性关系，线性回归计算得 $\beta_0 = 1.156\,1$、$\beta_1 = -0.433\,0$、$\sigma^2 = 7.63 \times 10^{-6}$，即一元线性回归方程为：

$$y = 1.156\,1 - 0.433x \tag{3-12}$$

式中：y——相对最大干密度；

x——二灰含量（%）。

$R^2 = 0.996\,2$，相关性很好。

因此，最大干密度与二灰含量的关系式为

$$\rho_{\mathrm{dmax}} = \rho_{0.36}(1.156\,1 - 0.433P) \tag{3-13}$$

式中：$\rho_{0.36}$——二灰含量为 36% 的二灰土的最大干密度（g/cm^3）；

P——二灰土中的二灰含量（%）。

因此，二灰稳定黄泛区土击实试验或碾压施工压实度的检测，可以通过击实试验测出某一二灰含量的二灰土的最大干密度，然后利用公式(3-13)计算出其他二灰含量二灰土的最大干密度。这可以大大减少二灰土击实试验工作量。

(2)二灰含量与最佳含水率的关系

对二灰土最佳含水率与二灰含量的关系进行一元线性回归分析，得回归参数如表3-24。由表可见，二灰含量与二灰土的最佳含水率具有很好的相关性。

二灰含量与二灰土最佳含水率回归方程参数　　表3-24

参数	T_{128}	T_{214}	T_{48}	T_{325}	T_{518}	T_{630}
β_0	13.510	16.000	15.675	16.785	16.040	17.200
β_1	0.226	0.125	0.161	0.134	0.140	0.220
R^2	0.946	1.000	0.976	0.957	0.946	0.920

注：$y=\beta_0+\beta_1 x$，x—二灰含量，y—二灰土的最佳含水率。

3. 土的特征粒径与最大干密度的关系

土的三个特性指标塑性指数、小于0.002mm、小于0.005mm颗粒含量与最大干密度的关系见表3-25和图3-15～图3-17。

二灰土最大干密度与土的塑性指数的关系　　表3-25

二灰含量(%)	土的塑性指数					
	11.5	12.2	12.6	13.5	15.2	17.5
	<0.002mm颗粒含量%					
	3.1	9.1	9.9	14.9	15	17.6
	<0.005mm颗粒含量%					
	8.1	13.6	18	24.7	27.7	29.9
24%	1.54	1.59	1.63	1.62	1.58	1.52
32%	1.5	1.55	1.57	1.56	1.54	1.49
36%	1.47	1.5	1.54	1.54	1.5	1.47
40%	1.44	1.48	1.5	1.5	1.47	1.45
48%	1.4	1.44	1.44	1.45	1.44	1.39

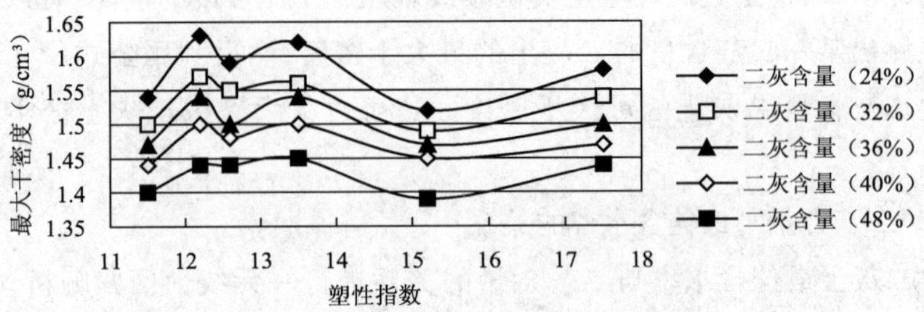

图 3-15　二灰土最大干密度与土的塑性指数的关系

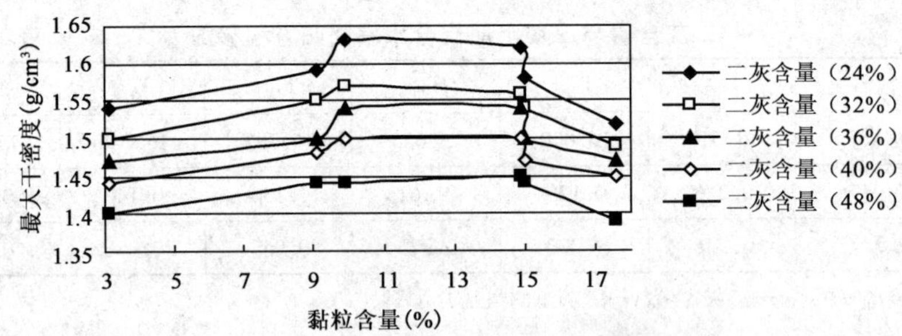

图 3-16　二灰土最大干密度与土的 <0.002mm 含量的关系

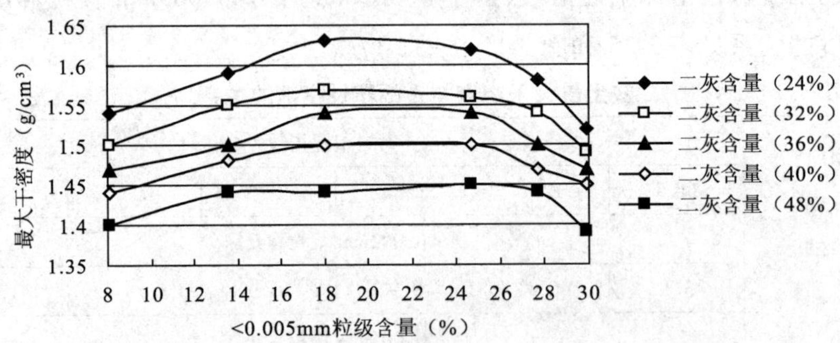

图 3-17　二灰土最大干密度与土的 <0.005mm 颗粒含量的关系

图 3-15 显示，二灰土的最大干密度随土的塑性指数的增大呈多级驼峰变化，难以用塑性指数来反映它与二灰含量、二灰土干密度之间的关系。图 3-16、图 3-17 显示，土中小于 0.002mm 与小于 0.005mm 颗粒含量与不同二灰含量的二灰土最大干密度都有明显的驼峰，但驼峰形状不同。二灰土最大干密度驼峰出现在土中小于 0.002mm 颗粒含量为 10% ~15% 之间；对于土中小于0.005mm

颗粒含量，出现在17%～27%。用土中小于0.005mm颗粒含量来反映土的特性与二灰土最大干密度的关系，表现出更好的规律性，更便于曲线拟合。用不同质量和含量的二灰来稳定土时，二灰土混合料的最大干密度存在着一个最佳的黏粒（<0.005mm）含量范围，该范围为17%～27%。在这个颗粒含量范围内，二灰土压实性能较好，能达到较高的密实度。图3-15～图3-17显示，当土的塑性指数小于12、土中小于0.002mm含量小于10%、小于0.005mm颗粒含量小于15%，二灰土干密度较小，二灰含量越大，干密度越小。这表明二灰的掺入使二灰土中粉粒的含量更高，碾压过程中，粉粒滑移，填充作用减少，如果振动碾压时的振幅与频率与二灰粉质土颗粒组成不匹配，将更难压实。土的塑性指数在12～14之间、土中小于0.002mm含量在10%～15%、小于0.005mm颗粒含量在17%～27%，级配良好，属二灰稳定粉质黏土，压实性能较好。土的塑性指数大于17、土中小于0.005mm颗粒含量大于26%，属二灰稳定黏性土，可压实性状接近黏性土。

从表3-26可知，小于0.005mm颗粒含量在一定的范围内，土的级配指标最好。因而，小于0.005mm颗粒含量在很大程度上反应了黄河冲（淤）积土的最佳碾压颗粒级配范围。小于0.005mm颗粒含量不仅是反映土级配的一个有用指标，也是土的活性、填充作用、可塑性与水敏感性的过渡粒径，是一个重要的粒径界限指标，是进行二灰土组成设计和施工的一个重要参数。

土的颗分结果　　表3-26

土的级配参数	T_{48}	T_{214}	T_{518}	T_{325}	T_{128}	T_{630}
d_{60}	0.043	0.032	0.025	0.020	0.016	0.014
d_{50}	0.037	0.026	0.019	0.015	0.012	0.011
d_{10}	0.007	0.003	0.002	0.001	0.001	
C_u	6.143	10.66	12.50	20.00	16.00	
C_c	2.076	2.667	2.000	2.450	2.250	

对二灰土最大干密度与土中小于0.005mm颗粒含量的关系进行多元回归，回归参数见表3-27。由表3-27可见，除二灰含量为48%的二灰土外，其他二灰含量小于40%的二灰土的最大干密度与土中小于0.005mm颗粒的含量间具有很好的相关性。

二灰土最大干密度与土中小于 **0.005mm** 颗粒的含量的关系　　表 3-27

参　数	二 灰 含 量(%)				
	24	32	36	40	48
a	-5×10^{-5}	-2×10^{-5}	-4×10^{-5}	-1×10^{-5}	-3×10^{-5}
b	0.001 7	0.000 7	0.001 5	0.000 3	0.001 1
c	−0.011 5	0.002 4	−0.013 3	0.005 2	−0.008 8
d	1.544 6	1.450 3	1.495 6	1.383 2	1.417 3
R^2	0.997 9	0.978 4	0.977 0	0.988 8	0.856 8

注：$y=ax^3+bx^2+cx+d$，x—土中小于 0.005mm 颗粒含量(%)，y—二灰土的最大干密度。

四、二灰稳定黄泛区土配合比

长期以来，道路的一直被认为是路面结构的次要承载层次，但在超载的情况，现行高速公路路面底基层仍处于较大拉应力范围内，当轮压由 0.7MPa 增至 1.0MPa 时，底基层拉应力值比标准轴载大约增加了 44%（图 3-18）。道路路面的开裂，甚至严重的早期破坏，与底基层材料的质量密切相关。

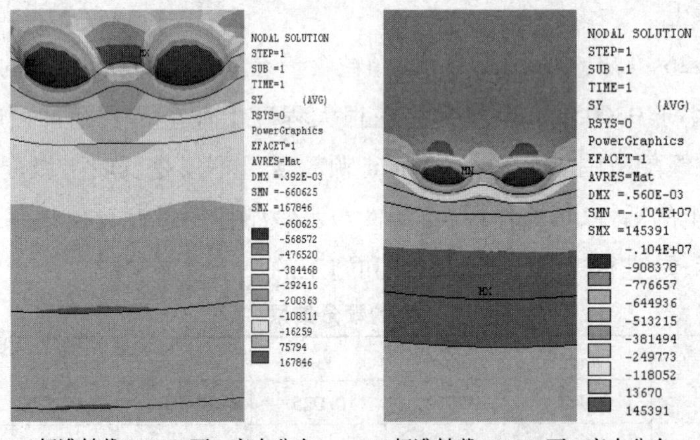

a)标准轴载0.7MPa下σ_x应力分布　　b)标准轴载1.0MPa下σ_x应力分布

图 3-18　不同轴载下底基层拉应力分布

现行规范以标准养生 7d 强度作为稳定土基层材料配合比设计控制指标，7d 强度对石灰土、水泥土等早期以离子吸附、离子交换、水化作用速度较快的材料是适宜的。但对早期以物理变化为主，强度主要由火山灰反应生成的二灰土配合比设计是不合理的。以 7d 标准养生的强度确定二灰土的配合比设计，试验结果误差干扰大，并不能获得强度最高、性能最优的配合比。以材料各项指标满足规范要求的标准进行原材料的选择，在规范规定的二灰含量、二灰比的范围内拟定配合比来进行二灰稳定土的组成设计也存在两个问题:一是由于影响二灰稳定土强度的因素很多,需要拟定多种配比进行试验才能定出强度最高的配合比,试验工作量大,历时时间长;二是选定 2 ~ 3 组不同配合比的混合料进行对比试验,选取强度最高的一个作为设计及施工的配合比,这样的配合比设计方法存在较大的盲目性,很难得到理想的配合比。

二灰土混合料的强度,受石灰质量,粉煤灰细度、粉煤灰与土的级配、土和粉煤灰中活性 SiO_2、Al_2O_3、Fe_2O_3 和 Ca、Mg 组分含量,以及土的 pH 值等因素的控制。下面通过不同龄期、不同二灰含量、不同二灰比、不同土质与级配的二灰土无侧限抗压强度试验,分析土的特性、二灰含量、二灰比、土和粉煤灰级配对二灰稳定土强度的影响,从二灰土混合料的颗粒分布、结构组成方面来探讨二灰稳定土强度的机理、强度变化规律,以及二灰稳定黄泛区土合理的组成设计方法、最佳配合比范围与施工控制指标。

1. 二灰含量、二灰比对二灰土强度的影响

(1)二灰土强度生长的阶段性

采用 T_{214}、T_{325} 二灰土的强度试验结果,分析二灰含量、二灰比对二灰土强度及强度增长速率的影响。试验结果见表 3-28 及图 3-19、图 3-20。

二灰稳定土(T_{214}、T_{325})无侧限抗压强度试验结果 表 3-28

土类	二灰含量	二灰比	编号	强 度(MPa)				
				7d	21d	60d	90d	180d
T_{214}	32%	1:4	1	0.48	0.98	1.83	2.55	3.39
		1:3	2	0.60	0.98	1.84	2.50	3.35
		1:2	3	0.58	0.85	1.69	2.23	3.28
	36%	1:4	4	0.82	1.18	2.02	2.65	3.22
		1:3	5	0.83	1.21	2.09	2.60	3.41
		1:2	6	0.84	1.21	2.16	2.63	3.57
T_{325}	32%	1:4	7	0.82	1.24	2.22	2.66	3.34
		1:3	8	0.94	1.37	2.23	2.73	3.43
		1:2	9	0.91	1.29	2.07	2.65	3.26
	36%	1:4	10	0.93	1.57	2.28	2.92	3.81
		1:3	11	0.86	1.68	2.31	3.12	3.91
		1:2	12	0.89	1.71	2.32	2.90	3.50

注:图例中 T_{214}-32%-1:4 ,表示土类－二灰含量－二灰比,以下同。

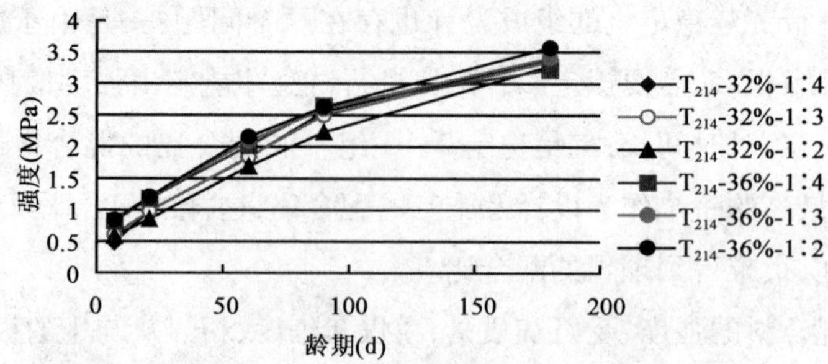

图 3-19 同一中土不同二灰含量和二灰比的二灰土强度变化 T_{214}

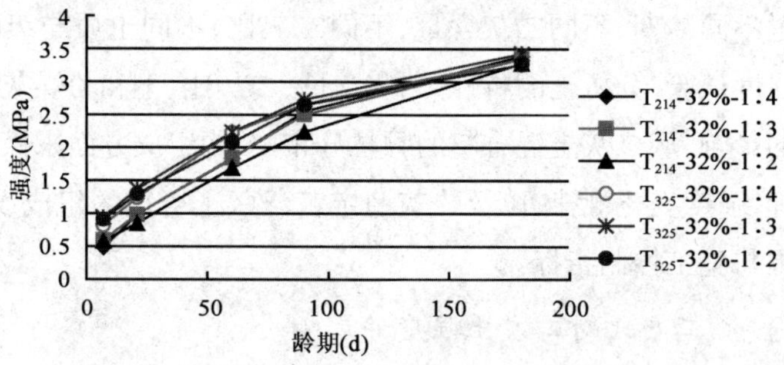

图 3-20 相同二灰含量不同土质与二灰比强度变化 T_{214}

图 3-19、图 3-20 显示，不同土质、不同二灰含量、不同二灰比的二灰土强度随龄期增长的变化趋势一致，说明二灰土稳定黄河冲（淤）积土的强度生长速率是一定的；二灰含量、二灰比对二灰土的强度有影响，而对强度发展速度没有显著的影响。

图 3-21、表 3-29 是标准养生的二灰土在不同的龄期阶段强度增长的变化率。结果显示，7 ~ 21d 的龄期内，受土质、二灰含量、二灰比的影响，强度增长率

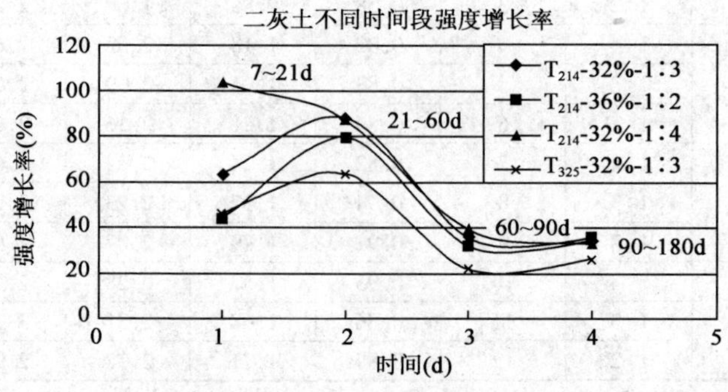

图 3-21 二灰土不同时间段的强度增长率

波动很大。21～60d 的时间段里，强度增长率约在 60%～70%，是强度增长最快的时期，而且粉粒含量较高的土强度增长得快。土粉粒含量较高的二灰土，二灰比大的增长得快，土黏粒含量偏大的二灰土，二灰比小的增长得快，土质和二灰比仍是强度增长的主要因素。60d 后，强度增长率快速下降，随龄期增长。

二灰土不同时间段的强度增长率　　表 3-29

土　类	二灰含量	二灰比	不同龄期时间段内二灰土的强度增长率(%)			
			21d 较 7d	60d 较 21d	90d 较 60d	180d 较 90d
T_{214}	32%	1:04	104	87	39	33
		1:03	63	88	36	34
		1:02	47	99	32	47
	36%	1:04	44	71	31	22
		1:03	46	73	24	31
		1:02	44	79	22	36
T_{325}	32%	1:04	51	79	20	26
		1:03	46	63	22	26
		1:02	42	60	28	23
	36%	1:04	69	45	28	30
		1:03	95	38	35	25
		1:02	92	36	25	21

强度增长率趋于稳定，基本稳定在 25%～30%。90d 后，强度进入稳定生长的时期。这说明，二灰土强度增长是分阶段进行的。初期(20d)前强度增长受土质、二灰含量、二灰比影响波动大，而后(20～60d)进入强度快速增长的时期，该时期的养生对抑制干缩至关重要。该时间段过后，二灰土强度进入稳定增长的阶段。由于施工时的温度与湿度的差异，每个阶段的历时时间是不同的。温度越高，历时越短。因而，用 7d 标准养生龄期的强度作为配合比设计依据与评价配合比的优劣是不合适的。

(2)二灰比对强度的影响

由图 3-19 可知,T_{214}、T_{325}所配不同二灰比的二灰土强度在早期有较大的差异,90d 后强度差异逐渐变小,180d 时强度几乎没有明显差异,说明土的特性和二灰比对二灰土的早期强度影响较大,随着龄期的增长影响逐渐减弱。

表 3-28 中的数据还显示,同一种土、相同二灰含量、不同二灰比的二灰稳定土在同一龄期的强度相差不大,且不随二灰比的增大或减小而单调变化,说明对同一种土、相同二灰含量,二灰存在一个最佳的二灰比范围。以二灰比的变化引起的强度偏差系数来评价其对强度的影响,计算结果如表 3-30 所示。

二灰比的变化引起的强度偏差系数 表 3-30

土类	二灰含量	偏差系数 C_v				
		7d	21d	60d	90d	180d
T_{214}	32%	0.12	0.08	0.05	0.07	0.02
	36%	0.06	0.04	0.03	0.01	0.03
T_{325}	32%	0.07	0.05	0.04	0.02	0.03
	36%	0.04	0.04	0.01	0.04	0.04

注:各龄期的偏差系数为同一龄期,同一二灰含量、三个不同二灰比的强度均值/均方差 。

表 3-30 表明,二灰比在 1∶4 ~ 1∶2 范围内的变化对二灰稳定土早、后期无侧限抗压强度的影响并不很明显。相对而言,低二灰含量(32%)比高二灰含量(36%)、二灰稳定高粉粒含量土的强度对二灰比的变化更敏感;二灰比对早期强度的影响比后期强度明显,这是因为二灰土系统的作用机理可分为石灰与粉煤灰之间的作用和石灰与土之间的作用,二灰掺入土中,石灰遇水之后会不断溶解,一方面达到过饱和时产生胶体化现象,析出 $Ca(OH)_2$微晶体—石灰的重结晶作用,在胶体分散相自发聚集的作用下,逐渐形成大的结晶颗粒,这种新生晶体一方面起胶结作用,一方面形成的晶体空间网架结构,促进二灰材料的早期强度的形成。另一方面,是石灰与土的离子交换作用,二灰比越大,即石灰含量越高,二灰土的早期强度越高。由于粉土中的黏粒含量比黏土少,压实后的空隙率比二灰黏土大,石灰更易与

黏粒接触发生粒子反应，因此，二灰稳定高粉粒含量土的早期强度对二灰比更敏感，同一二灰含量，高二灰比的二灰土早期强度比低二灰比的二灰土强度高。

分别用二灰比为1∶3的二灰土强度除以相同土类、二灰含量、龄期的二灰比为1∶2的二灰土强度，分析二灰比对强度的影响，结果如图3-22～图3-24、表3-31所示。

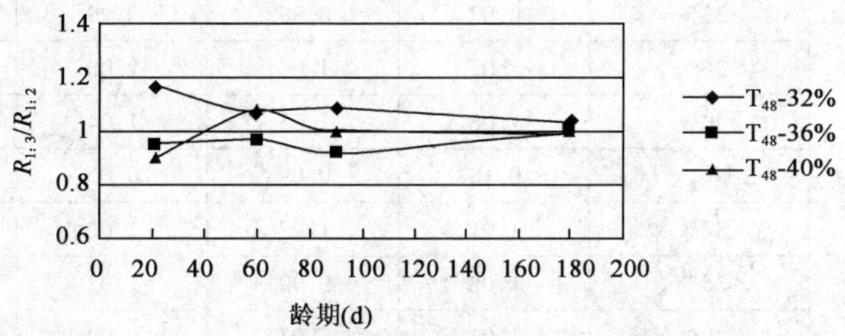

图3-22　T_{48}二灰土的二灰比对强度的影响

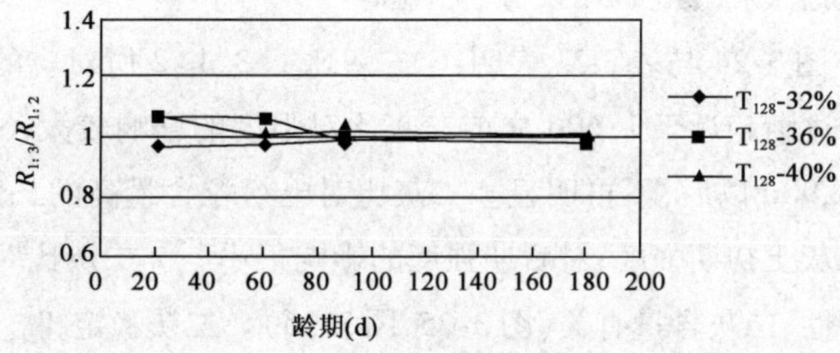

图3-23　T_{128}二灰土的二灰比对强度的影响

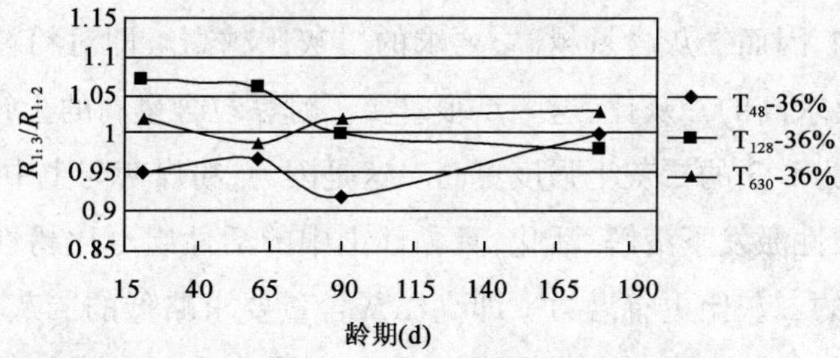

图3-24　二灰比对36%二灰含量的二灰土强度的影响

不同二灰比的二灰土强度比　　表 3-31

土　类	二灰含量	强度比 $E_{ij}=R_{1:3}/R_{1:2}$			
		21d	60d	90d	180d
T_{48}	32%	1.17	1.07	1.09	1.03
	36%	0.95	0.97	0.92	1.00
	40%	0.90	1.08	1.00	1.00
	$\sum\|E_{.j}-1\|$	0.32	0.18	0.17	0.03
T_{128}	32%	0.97	0.98	0.99	1.00
	36%	1.07	1.06	1.00	0.98
	40%	1.08	1.01	1.04	1.00
	$\sum\|E_{.j}-1\|$	0.18	0.09	0.05	0.02
T_{630}	32%	1.01	1.07	1.02	1.01
	36%	1.02	0.99	1.02	1.03
	40%	1.03	1.03	0.99	0.98
	$\sum\|E_{.j}-1\|$	0.06	0.11	0.05	0.06

注：$R_{1:3}$、$R_{1:2}$分别表示二灰比 1∶3、1∶2 的二灰土强度。

图 3-22 ~ 图 3-24 与表 3-31 表明：①二灰比 1∶3、1∶2 所对应的强度值之比随龄期的增长逐渐趋近于 1；60d 之前二灰比对强度的影响较大，60 ~ 90d 之间影响开始下降，90d 以后，不再明显。二灰比对土粉粒含量高的二灰土影响大，且主要影响二灰土初期强度，对后期强度的影响很小。②二灰比对初期强度的影响与土的特性、二灰含量有关（图 3-25、图 3-26）。二灰稳定 T_{214} 土，二灰含量为 32% 时，1∶3 二灰比的二灰土强度较高，二灰含量为 36%、40% 时，1∶2 二灰比的二灰土强度较高。粉粒含量高，二灰土的强度主要靠二灰之间的火山灰反应产生凝胶结构，因而二灰含量越高，要求的二灰比越高。即对粉粒含量大的土，高二灰含量要求高的二灰比，这一点很重要。对黏粒含量高的土，随二灰含量的增加，二灰比为 1∶3 的二灰土强度更高。这是因为，粉煤灰与土中的硅铝酸盐矿物在石灰的碱性激发下溶解、活化，且黏性土中的活性组分比粉性土多，强度增长潜力大，低的二灰比更有潜力。即高二灰含量要求略低的二灰比。③粉粒含量高，二灰土的早期强度对二灰比更敏感；随土黏粒含量的增加，二灰比对二灰稳定土早期强度的影响逐渐减弱，如图 3-25、图 3-26 所示。

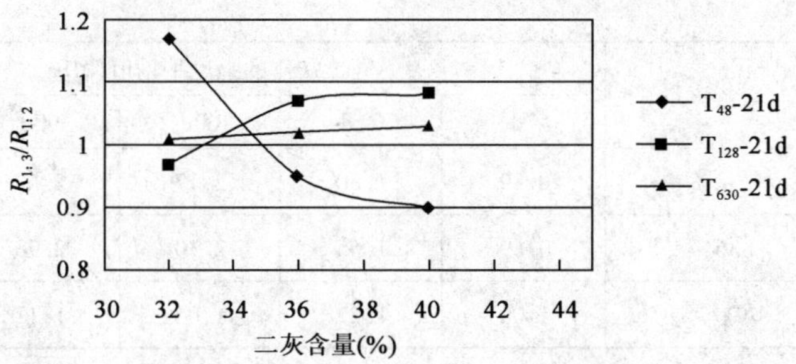

图 3-25　二灰比对 21d 龄期二灰土强度的影响

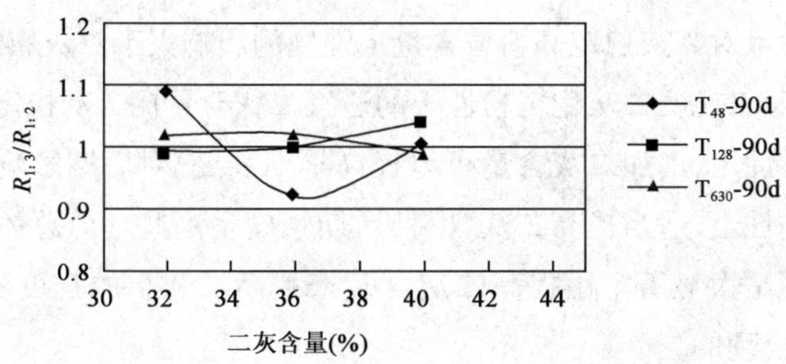

图 3-26　二灰比对 90d 龄期二灰土强度影响

上述结果说明，对黄泛区土，二灰比主要影响二灰土 60d 前的强度。粉粒含量高，早期强度对二灰比更敏感，高二灰含量要求高的二灰比；黏粒含量高，高二灰含量要求略低的二灰比。

(3)二灰含量对强度的影响

表 3-28 显示，二灰含量从 32% 增加到 36%，二灰稳定土各龄期强度都有所提高，为反映二灰含量对强度的影响，计算出 36%、32% 二灰含量的二灰稳定土强度的平均值，用 36% 二灰含量的强度平均值与 32% 二灰含量强度平均值之比来评价二灰含量对强度的影响，计算结果如表 3-32 所示。

平均值及比值计算结果　　表 3-32

土　类	二灰含量	不同二灰比的强度平均值(MPa)				
		7d	21d	60d	90d	180d
T_{214}	32%	0.55	0.94	1.79	2.43	3.34
	36%	0.83	1.20	2.09	2.63	3.40
	R_{36}/R_{32}	1.50	1.28	1.17	1.08	1.02

续上表

土　类	二灰含量	不同二灰比的强度平均值(MPa)				
		7d	21d	60d	90d	180d
T_{325}	32%	0.89	1.30	2.17	2.68	3.34
	36%	0.89	1.65	2.30	2.98	3.74
	R_{36}/R_{32}	1.00	1.27	1.06	1.11	1.12

注:R_{36}、R_{32}分别表示二灰含量为36%、32%的二灰土强度。

表3-32显示,从整个龄期分析,二灰含量高的二灰土强度也高。图3-27显示,初期,二灰含量对二灰稳定高粉粒含量土强度的影响大于二灰稳定低粉粒含量土。后期则相反,说明二灰稳定粉性土的适宜二灰含量比二灰稳定黏性土低。对于二灰稳定粉性土,增加二灰含量可以提高早期强度,对后期影响则不明显;对于二灰稳定黏性土,适当提高二灰含量,后期强度稍高些。但总体而言,后期强度的提高都不是太显著。用提高二灰含量来提高二灰土的强度不但压实困难,也是不经济合理的。

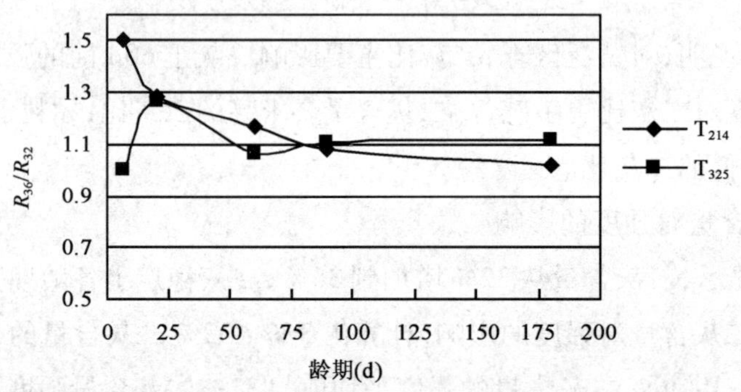

图3-27　二灰稳定土(T_{214}、T_{325})不同龄期强度比值

2. 黄泛区土的特性对二灰土强度的影响

为了分析黄泛区土质类型及土的特征指标对二灰稳定土强度的影响,采用不同塑性指数、黏粒含量及有机质含量的四种土(T_{48}、T_{518}、T_{128}、T_{630}),对不同二灰含量、二灰比的二灰土进行21d、60d、90d、180d龄期无侧限抗压强度试验。试验结果见表3-33,土的特性见表3-34。

二灰稳定土(T_{48}、T_{518}、T_{128}、T_{630})无侧限抗压强度试验结果　　表 3-33

土　类	龄期(d)	二灰含量、二灰配比					
		32%		36%		40%	
		1:3	1:2	1:3	1:2	1:3	1:2
T_{48}	21	1.16	0.99	1.06	1.11	1.14	1.27
	60	1.98	1.85	1.84	1.89	2.11	1.96
	90	2.54	2.33	2.37	2.59	2.76	2.76
	180	2.97	2.89	3.02	3.03	3.33	3.33
T_{518}	21	0.67	0.76	0.78	0.77	0.76	0.84
	60	0.92	1.20	1.07	1.09	1.09	1.21
	90	1.11	1.33	1.19	1.33	1.42	1.49
	180	1.20	1.54	1.48	1.62	1.83	1.68
T_{128}	21	1.40	1.44	1.47	1.38	1.52	1.41
	60	2.15	2.20	2.30	2.16	2.40	2.38
	90	2.63	2.66	2.82	2.83	2.99	2.88
	180	3.11	3.10	3.31	3.39	3.47	3.46
T_{630}	21	1.10	1.09	1.09	1.07	1.19	1.16
	60	1.79	1.68	1.79	1.80	2.16	2.10
	90	2.21	2.17	2.37	2.33	2.73	2.76
	180	2.86	2.82	3.16	3.06	3.72	3.79

黄泛区典型土的特征参数　　表 3-34

合同段	塑性指数	<0.002mm 颗粒含量(%)	<0.005mm 颗粒含量(%)
一合同段 T_{128}	17.5	15.0	27.7
二合同段 T_{214}	12.6	9.1	13.6
三合同段 T_{325}	13.5	14.9	24.7
四合同段 T_{48}	11.5	3.1	8.1
五合同段 T_{518}	12.2	9.9	18.0
六合同段 T_{630}	15.2	17.6	29.9

(1)有机质含量对二灰土强度的影响

由表 3-33 可见,五合同段二灰土(T_{518})各类二灰土的强度明显偏低,1:2 二灰比的二灰土各龄期强度明显高于 1:3 二灰比的二灰土强度。五合同段土的

$W_L = 30.5$、$W_p = 18.3$、$I_p = 12.2$；小于0.005mm颗粒含量为18.0%、小于0.002mm颗粒含量为9.9%、不均匀系数$C_u = 16.0$、曲率系数$C_c = 2.25$；烧失量为8.52%。上述试验结果表明，五合同段土颗粒级配良好、塑性指数符合规范要求，但烧失量偏大。说明土烧失量偏大是导致五合同二灰土强度低的主要因素。

为什么有机质对二灰土配比强度产生如此大的影响呢？土壤有机质来源于有生命物质，包括各种动植物残体，微生物体及其分解和合成的有机物质。有机质进入土壤后在微生物的作用下发生一系列化学变化，因而组成有机质的化合物有非腐殖质和腐殖质。前者主要是有机残体及微生物分解的不同阶段的产物，约占土中有机质含量的10%~15%；后者是被土壤微生物改造过的一种特殊类型的高分子含氮有机化合物，它与土粒紧密结合成为土粒有机—无机复合体，不能用机械方法把它从土壤中分离。土壤腐殖质是土壤有机质的主体，约占有机质含量的85%~90%，通常所说的土壤有机质含量主要是指土壤腐殖质的含量。

腐殖酸具有能和外界进行反应的基，称为功能团。腐殖酸组分中有多种含氧功能团，重要的有羟基(—COOH)、酚羟基(—⬡—OH)、碳基(>C=O)和甲氧基($—OCH_3$)，此外还有醌基(=⬡=O)和醇羟基(—OH)等。这些功能团的存在使腐殖质具有很多活性，如离子交换、对金属离子的络合能力、氧化—还原性以及生理活性等。腐殖酸是两性胶体，在它们的表面既有负电荷，又有正电荷，通常以带负电为主。腐殖酸的酸性主要产生于羟基和酚羟基。

由于腐殖酸是两性胶体，腐殖质胶体就具有分散与凝聚作用。腐殖质胶体与黏粒矿物等胶体一样都有两种不同的状态，一种是胶体微粒散布在水中呈胶体溶液状态，称为溶胶；一种是胶体微粒彼此凝聚在一起呈絮状沉淀，称为凝胶。溶胶变为凝胶的作用称为凝聚作用，凝胶变为溶胶的作用成为分散作用。

有机质结构松散，本身疏松多孔，所含的腐殖质是一种亲水胶体，有很强的吸水能力，最大吸水率可以超过500%。所以，土中的有机质有较强的吸水性，它含量愈多，孔隙愈高，吸水率愈大，土的液限越高，塑性指数越大，它的含量比土的黏粒含量对土的塑性指数影响大，这也是不能仅用塑性指数来反映土的黏粒含量及无机结合料可稳定性的一个重要原因。

由于腐殖质是一种亲水胶体，从饱和大气中吸收的水汽量约可达到其本身重量的一倍以上，比一般矿物质胶体要大的多，且腐殖质易溶于水，水解后呈酸性，其溶液的酸性很强。当土壤的酸碱度（pH 值）下降时，土壤溶液中 H^+ 增多，这就导致了黏粒胶体上的 H^+ 不易解离，以致胶粒所带负电荷的量减少，阳离子交换量及硅铝组分的溶解能力随之降低。反之，土壤溶液愈趋碱性，H^+ 的解离愈多，胶粒的负电荷也愈多，土的化学活性就越强。这说明，土中含有有机质时，一方面易于与一、二、三价阳离子形成能溶于水的盐，消耗了二灰土中的 Ca^{++}、Mg^{++} 离子；另一方面，能降低二灰土的 pH 值，也就降低了只有在碱性环境中粉煤灰与土中黏粒硅氧键解离、硅铝组分的溶解的能力，不利于二灰土初期的离子交换与吸附作用及中后期的火山灰反应的进行，影响整个龄期内二灰土的强度生成。当土的级配良好，黏粒含量与塑性指数都在较好的水平上，粉煤灰质量指标满足规范要求，无侧限抗压强度试验结果却出现异常，可对土进行 pH 值或烧失量测定，当 pH 值小于该区域土的 pH 值（黄泛平原区土的 pH 值≥7，一般在 7.2～8.5），说明土中含有较高的有机质，这种情况下，可适当提高石灰的用量以中和有机质的酸性。

（2）土的特性对强度的影响

对试验结果进行双因子方差分析，土的特性、二灰含量分别为因子 A、B，三种不同的土（T_{48}、T_{128}、T_{630}）、不同的二灰含量（32%、36%、40%）分别为因子 A、B 的三个不同水平（分别记为 A_1、A_2、A_3；B_1、B_2、B_3），计算得到二灰比为 1∶3 的二灰土各龄期强度双因子的方差分析结果，如表 3-35 所示。

计　算　表　　　　表 3-35

B \ A	A_1	A_2	A_3	$y_{\cdot i}$	$y_{\cdot i}^2$
B_1	1.16	1.40	1.10	3.66	13.395 6
B_2	1.06	1.47	1.09	3.62	13.104 4
B_3	1.14	1.52	1.19	3.83	14.668 9
$y_{i\cdot}$	3.36	4.39	3.36	$\sum_i \sum_j y_{ij} = 11.11$	$\sum_j y_{\cdot j}^2 = 41.168\ 9$
$y_{i\cdot}^2$	11.289 6	19.272 1	11.289 6	$\sum_i y_{i\cdot}^2 = 41.851\ 3$	

$r = 3, s = 3, n = rs = 9$

$$\sum_i \sum_j y_{ij}^2 = 13.967\,1, \frac{1}{9}(\sum_i \sum_j y_{ij})^2 = 13.714\,7$$

$$S_T = \sum_i \sum_j y_{ij}^2 - \frac{1}{9}(\sum_i \sum_j y_{ij})^2 = 13.967\,1 - 13.714\,7 = 0.252\,4$$

$$S_A = \frac{1}{3}\sum_i y_{i\cdot}^2 - \frac{1}{9}(\sum_i \sum_j y_{ij})^2 = \frac{1}{3} \times 41.851\,3 - 13.714\,7 = 0.235\,8$$

$$S_B = \frac{1}{3}\sum_j y_{\cdot j}^2 - \frac{1}{9}(\sum_i \sum_j y_{ij})^2 = \frac{1}{3} \times 41.168\,9 - 13.714\,7 = 0.008\,3$$

$$S_e = S_T - S_A - S_B = 0.008\,4$$

方差分析表 表 3-36

来源	平方和	自由度	均方和	F 比
A	$S_A = 0.235\,8$	$r-1=2$	$\frac{S_A}{r-1} = 0.117\,9$	$F_A = \frac{S_A/(r-1)}{S_e/(r-1)(s-1)} = 56.3$
B	$S_B = 0.008\,3$	$s-1=2$	$\frac{S_B}{s-1} = 0.004\,1$	$F_B = \frac{S_B/(s-1)}{S_e/(r-1)(s-1)} = 2.0$
e	$S_e = 0.008\,4$	$(r-1)(s-1)=4$	$\frac{S_e}{(r-1)(s-1)} = 0.002\,1$	
总和	$S_T = 0.252\,4$	8		

查表可知 $F_{0.95}(2,4) = 6.94$，F_A 大于 $F_{0.95}(2,4)$ 而 F_B 小于 $F_{0.95}(2,4)$，说明在 $\alpha = 0.05$ 显著性水平下，因子 A 的不同水平对试验结果有显著影响，而因子 B 的不同水平对试验结果没有显著性影响。因此，土的特性对二灰土 21d 强度有显著的影响，二灰含量对二灰土 21d 强度影响较小。这说明土的特性对黄泛区二灰土的早期强度影响最大。

用同样的方法分析二灰比为 1∶3 的二灰土 60、90、180d 的强度，结果如表 3-37 所示。

二灰比为 1∶3 二灰土 *F* 比计算结果 表 3-37

	21d	60d	90d	180d
土的特性 F_A	56.3	13.0	8.7	1.2
二灰含量 F_B	2.0	6.8	9.1	9.2

二灰比为 1∶2 时土与二灰含量对各龄期二灰土强度影响的显著性见表 3-38。

二灰比为1∶2二灰土 F 比计算结果　　表3-38

	21d	60d	90d	180d
土的特性 F_A	13.7	17.5	8.4	1.1
二灰含量 F_B	1.6	6.2	10.2	7.0

由上计算结果可知，不论二灰比是1∶2还是1∶3，60d之前，土的特性比二灰含量对强度影响显著。龄期为90d时，土的特性、二灰含量对二灰土强度都有显著影响。龄期为180d时，二灰含量对二灰土强度的影响具有显著性，而土的影响不再具有显著性。因此，土的特性是影响二灰土早期强度的主要因素。二灰含量是影响二灰土后期强度的主要因素。随着龄期的增长，土的特性对二灰土强度的影响逐渐减弱，二灰含量对二灰土强度的影响逐渐增强。高的二灰含量可获得高的后期强度。

3. 二灰稳定土的强度与各影响因素之间的关系

(1)土与粉煤灰的特性与二灰土强度的关系

①土的黏粒含量与强度的关系。以土小于0.005mm颗粒含量为横坐标，同一二灰含量、二灰比的二灰土各龄期强度为纵坐标，建立土的黏粒含量与二灰土强度的关系曲线，如图3-28～图3-31所示。

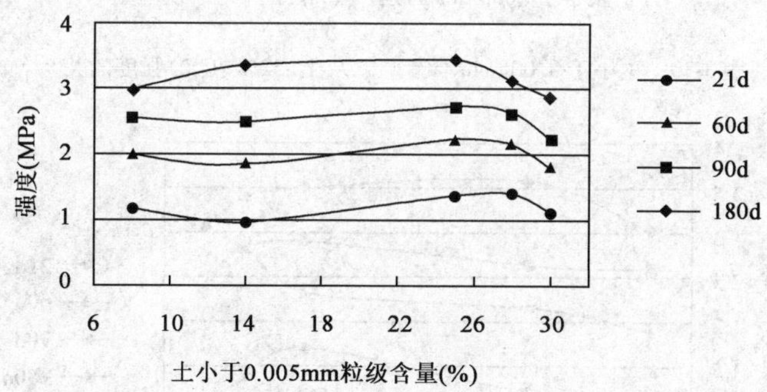

图3-28　土小于0.005mm颗粒含量与二灰土(32%、1∶3)强度的关系

图3-28～图3-31显示，无论二灰比是1∶3还是1∶2，二灰含量高还是低，各龄期的二灰土强度与黏粒含量间的关系呈相似规律性。各龄期的强度都存在峰值，随龄期增长，峰值前移。说明随着龄期的增长，土的特性对二灰土强度的影响逐渐减弱。图3-28～图3-31、图3-15～图3-17对比显示，二灰土的强度、最大

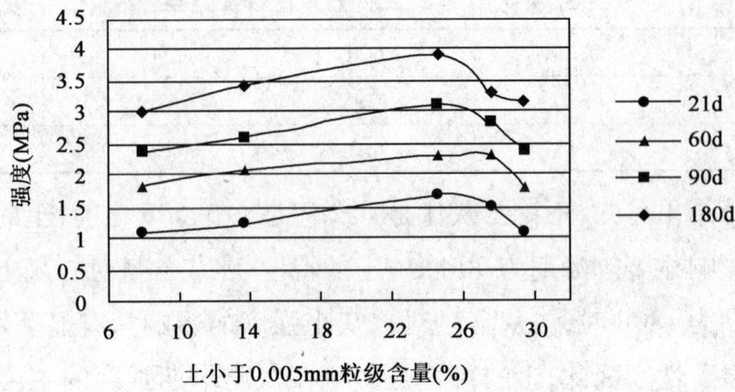

图 3-29 土小于 0.005mm 颗粒含量与二灰土(36%、1∶3)强度的关系

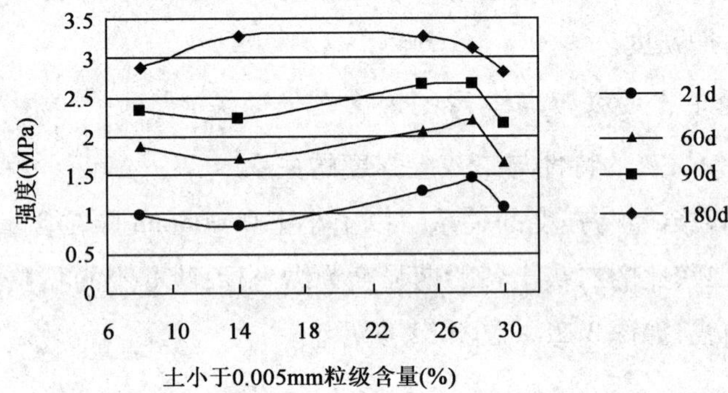

图 3-30 土小于 0.005mm 含量与二灰土(32%、1∶2)强度的关系

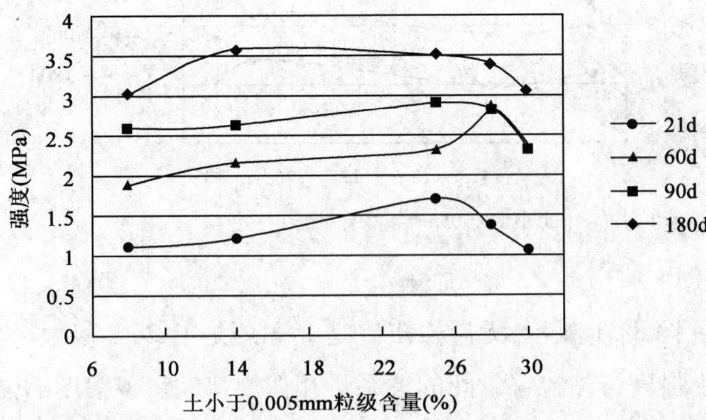

图 3-31 土小于 0.005mm 含量与二灰土(36%、1∶2)强度的关系

干密度与土小于 0.005mm 颗粒含量关系曲线表现出同样的变化趋势。随土小于 0.005mm颗粒含量的增加,二灰土的强度和最大干密度都出现驼峰,特别是小于 0.005mm颗粒含量在 17% ~27% 之间,180d 的二灰土强度与图 3-17 的驼峰区吻合一致,说明二灰土的强度与最大干密度都存在一个最佳的土中小于 0.005mm颗粒含量范围,这个范围变动于 17% ~27% 之间。17% ~27% 恰好是粉质黏土的特定黏粒含量范围,粉质黏土级配优于粉土和黏性土,碾压过程中表现出良好的嵌挤与填充作用。这说明,二灰土混合料的级配是影响二灰土强度的重要因素之一。

小于 0.005mm 颗粒含量比小于 0.002mm 颗粒含量更能反映土的可塑性、压实性、活性的原因是小于 0.002mm 的颗粒有胶体性质(即吸附离子与离子交换的作用、凝聚与分散现象、黏结性、黏着性、可塑性等)。黏土矿物颗粒细小,一般在 0.001 ~0.005mm 之间,0.001 ~0.005mm 的颗粒,比表面积(单位质量物体的总面积,以 1g 物体具有若干平方厘米来表示)为 740cm^2/g,小于 0.002mm颗粒的比表面积为 1 000cm^2/g。阳离子交换量,0.01 ~0.005mm 的颗粒为 3 ~8,0.005 ~0.002mm 的颗粒为 10 ~20,小于 0.002mm 的颗粒为 35 ~65。可塑性,大于 0.005mm 的颗粒没有可塑性,小于 0.005mm 颗粒为 28% ~40%,0.005 ~0.002mm 之间的颗粒为 30% ~48%,小于 0.002mm 的颗粒为 34% ~87%。最大分子持水量,0.01 ~0.005mm 的颗粒为 15.9%;0.005 ~0.002mm 的颗粒为 31.0%;小于 0.01 ~0.005mm 的颗粒为 3.1%。这些数据说明,0.005mm颗粒属物理性黏粒,是持水性、可塑性的界限颗粒,是影响土与二灰土的物理性质、水理性质的敏感性界限颗粒。0.005 ~0.002mm 颗粒是介于粉粒与黏粒的过渡颗粒,在动力作用下有良好的填充能力,对土及二灰土的压实性能产生直接的影响,进而影响二灰土的强度与稳定性。

因而要获得良好的二灰稳定土强度,当土中小于 0.005mm 颗粒含量小于 18% 时,补充适量的黏土是相对经济、合理的方法。

②二灰土混合料的级配与强度的关系。尽管二灰土的离子交换反应和一系列火山灰反应对二灰土强度的形成与发展起到重要的作用,但良好的颗粒级配、压实过程中的填充挤密作用也是获得优良的二灰土强度与使用性能的重要因素

之一。

为了分析二灰土颗粒组分对二灰土强度的影响，采用小于0.005mm颗粒含量差异较大的T_{214}、T_{48}、T_{518}三种土，和粗细差异较大的三种粉煤灰（分别记为F_1、F_2、F_3），按36%二灰含量，1∶3二灰比，分析粉煤灰颗粒级配、土颗粒级配以及二灰土混合料颗粒级配对二灰土28d龄期的无侧限抗压强度的影响。试件在室温条件下采用塑料袋密封养生。

粉煤灰的级配见图3-32、表3-39。用半对数坐标级配曲线的斜率图直观显示级配的差异，如图3-33所示。切点斜率是函数的一阶导数，它反映的是各粒径含量的变化梯度。

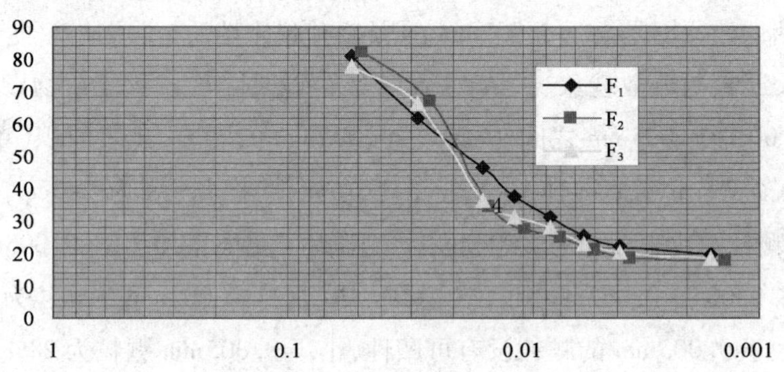

图3-32　粉煤灰F_1、F_2、F_3级配曲线

粉煤灰与土的颗粒级配　　表3-39

粉煤灰与土	>0.075mm	0.075～0.05mm	0.05～0.001mm	0.01～0.005mm	<0.005mm	<0.002mm
F_1	11.4	10.2	42.9	9.1	26.0	19.2
F_2	1.9	12.8	53.0	10.2	21.8	14.8
F_3	2.2	17.5	45.6	10.1	22.3	16.0
T_{214}	0.3	13.8	65.3	7.0	13.6	9.1
T_{48}	1.7	28.3	57.4	4.5	8.1	3.1
T_{518}	0.4	7.1	61.8	12.8	18.0	9.9

各粒径含量的变化梯度。斜率大，说明颗粒含量的变化梯度大。粉煤灰的三种级配中，F_2在0.015mm后，各粒径含量变化梯度大于F_1、F_3。三种粉煤灰级配中，F_3优于F_2，F_2优于F_1，F_1最差。

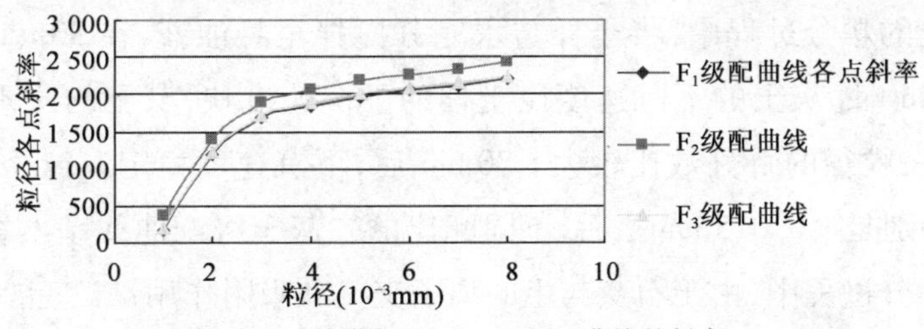

图 3-33　粉煤灰 F_1、F_2、F_3 级配曲线的斜率

三种土小于 0.005mm 颗粒含量不同，级配见图 3-34、表 3-39。T_{48} 最粗、T_{518} 最细，T_{214} 介于二者之间。T_{214}、T_{48}、T_{518} 的级配参数 C_u 分别为 10.66、6.141、12.50，C_c 分别为 2.667、2.076、2.00。一般情况下，$C_u > 5$、$C_c = 1 \sim 3$ 级配良好，C_u 越大级配越好。三种土的级配相比，T_{518} 最好，T_{214} 次之，T_{48} 最差。

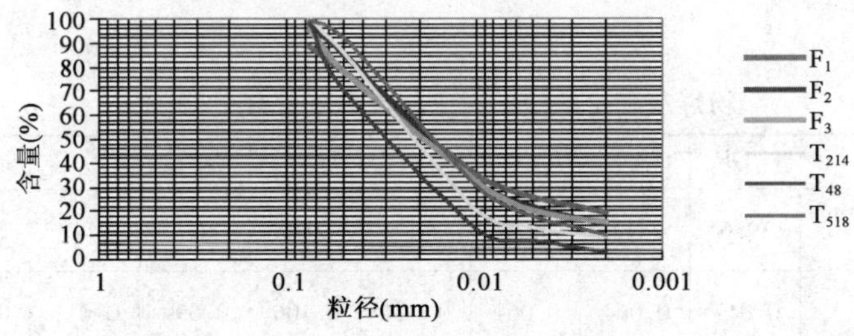

图 3-34　　粉煤灰与土的级配曲线

由图 3-34 及表 3-39 可知，粉煤灰比土的级配粗，但细粒含量高；F_3 级配较好；F_1 中砂粒含量高，级配偏粗，活性差，F_3 粗粒偏细，细粒含量高；三种土的级配相比，T_{48} 颗粒粗，级配差。

二灰土混合料颗分试验结果见图 3-35。

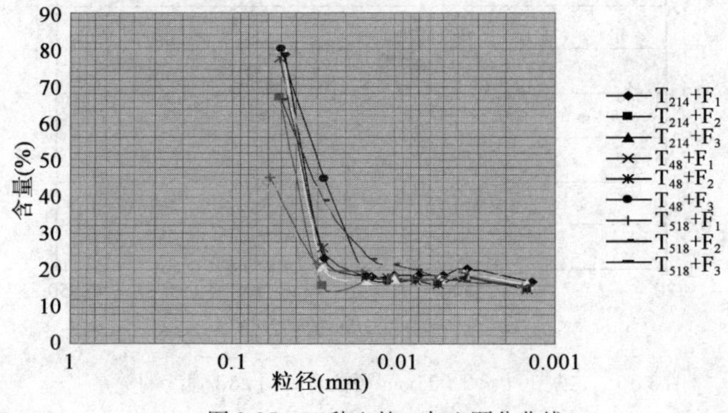

图 3-35　三种土的二灰土颗分曲线

二灰土的颗分过程中，将土样与水充分搅拌至悬浊液，在30s、1min、4min、15min、30min时，灰土的下沉速度比土样的下沉速度快，灰土的比重计读数较小，大于某一粒径的百分数比较大。30min后，下沉速度稳定。粒径＜0.028～0.03mm，特别是＜0.015mm之后，不同配比的二灰土级配曲线基本重合。说明二灰土的颗分过程中，由于石灰与土的离子交换和吸附作用，二灰土系统发生了絮凝作用，生成的絮凝结构物的下沉影响了＜0.03mm颗粒的分级下沉。二灰土比重计法颗分仅能测出＞0.03mm的各粒径含量，反映二灰土混合料粗颗粒＞0.03mm的级配，＜0.03mm颗粒特别是＜0.015mm之后颗粒测的测试结果是不可靠的。

采用表3-39中土和粉煤灰颗分数据，得二灰土中小于0.005mm的颗粒含量，见表3-40。

粉煤灰和土的级配对二灰土28d强度的影响　　表3-40

粉煤灰与土	T_{214}-F_1	T_{214}-F_2	T_{214}-F_3	T_{48}-F_1	T_{48}-F_2	T_{48}-F_3	T_{518}-F_1	T_{518}-F_2	T_{518}-F_3
二灰土中＜0.005mm颗粒含量(%)	39.6	34.1	33.9	24.1	29.9	31.4	44	39.8	40.3
粗细颗粒比 C_f	0.017	0.064	0.061	0.024	0.106	0.099	0.011	0.029	0.030
28d标养强度(MPa)	1.00	2.26	2.40	1.73	2.70	3.15	0.79	1.74	2.26

根据表3-40，得二灰土中＜0.005mm颗粒含量与28d强度的关系如图3-36所示。

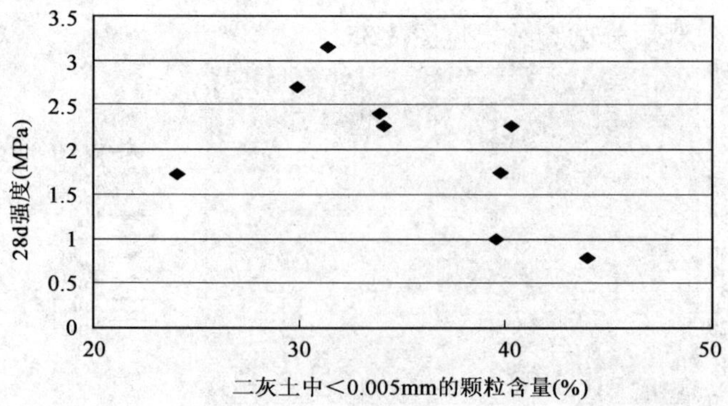

图3-36　二灰土中＜0.005mm颗粒含量与28d强度的关系

由图3-36可见，二灰土中<0.005mm颗粒含量在30%~40%，二灰土的28d强度相对较高。但二灰土的28d强度与二灰土中<0.005mm颗粒含量间无明显的规律性。

由表3-40可知：

①F_1中>0.075mm的颗粒含量高达11.4%，虽然<0.005mm颗粒含量最高，但粗颗粒含量更高，用它稳定T_{214}、T_{48}、T_{518}土的强度都低。

②T_{518}土含有机质较高，三种粉煤灰稳定土的强度都低；但T_{518}三种粉煤灰的二灰土中，$T_{518}F_1$最低。

③由于粉煤灰主要由烧制的砂状颗粒组成，无黏性，粗颗粒越多，碾压过程中与本来粉砂粒含量较高的粉土混合后，嵌挤与填充作用更差，颗粒间产生地挤松作用更强，更难压密，强度就更低。

④每种土的三种粉煤灰二灰土中，都是含粉煤灰F_6的强度高；虽然F_1中<0.005mm的颗粒含量高，但含F_1的强度低，这说明，粉煤灰中粗颗粒的含量与<0.005mm的颗粒含量都是影响二灰土强度的重要因素。

⑤图3-35显示级配优劣排序为$T_{48}F_3$、$T_{48}F_2$、$T_{214}F_3$、$T_{518}F_3$、$T_{214}F_2$，所有F_1的二灰土级配都较差，这正与表3-33的强度排序相同。由于三种土中T_{48}的级配最差，三种粉煤灰中F_3的级配最好，因而，粉煤灰与土二者差的级配与好的级配才能形成良好的嵌挤填充结构即骨架—密实结构。

⑥在土的颗粒组成中，随土中黏粒含量的增多，土中小于0.001mm颗粒含量增多，0.01~0.074mm颗粒含量减少。在粉煤灰的颗粒组成中，颗粒大部分在0.01~0.1mm，而小于0.005mm颗粒含量大于20%，根据颗粒级配密实理论，当土的颗粒级配与粉煤灰的颗粒级配互补而形成良好的级配曲线，将会改变二灰土的压实性状，二灰土压密性越强，强度越高。

为了反映二灰土的级配、粉煤灰与土的活性对二灰土强度的影响，定义参数粗细颗粒比C_f：

$$C_f = | f_1 - s_1 | / | (f_2 - s_2) \cdot f_3 | \tag{3-14}$$

式中：f_1——粉煤灰中>0.001mm颗粒含量；

s_1——土中>0.001mm颗粒含量；

f_2——粉煤灰中<0.005mm颗粒含量；

s_2——土中<0.005mm颗粒含量；

f_3——粉煤灰中>0.074mm颗粒的含量。

式(3-14)的物理意义在于：粉煤灰与土的粗颗粒含量差(|(粉煤灰中>0.001mm颗粒含量)-(土中>0.001mm颗粒含量)|)越大，混合料越易形成较好的颗粒级配，C_f越大，二灰土的强度越高；粉煤灰中的粗颗粒(粉煤灰中大于0.074mm的颗粒含量)越多，粉煤灰的活性越差，二灰土强度越低；因为粉煤灰中小于0.005mm的颗粒含量较稳定，一般在22%~26%之间，粉煤灰与土的细颗粒含量差(粉煤灰中小于0.005mm颗粒含量-土中小于0.005mm颗粒含量)越大，说明土中小于0.005mm的颗粒含量越低，二灰土强度越低。因此，粗细颗粒比C_f反映了二灰土的颗粒级配优劣与活性高低，进而反映了二灰土的强度特性，C_f越大，二灰土的强度越高。

不同二灰土粗细颗粒比C_f计算结果见表3-40。图3-37反映了二灰土中，粗细颗粒比C_f与二灰土强度的关系。图3-37表明，C_f与二灰土强度呈现良好的对数关系，C_f较好地反映了二灰土的颗粒级配与粉煤灰、土的活性，是个重要的级配与活性参数，是二灰土配合比设计时的一个良好参考指标。

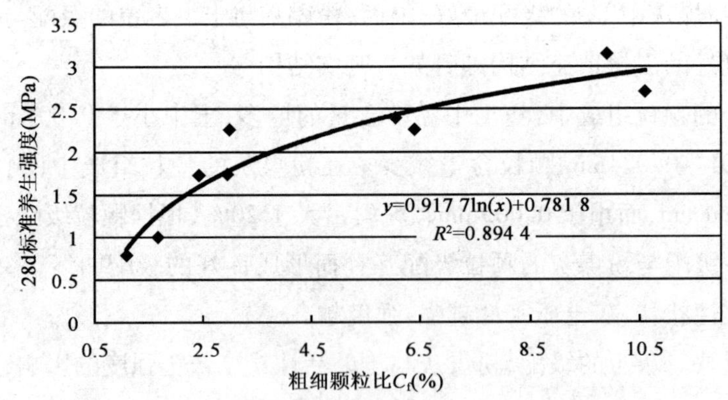

图3-37 二灰土的粗细颗粒比C_f与二灰土强度的关系

表3-41是采用6种土、36%二灰含量、1:3二灰比的二灰土，室内标准养生后不同龄期强度与C_f值。

36%、1∶3 的二灰土不同龄期强度与 C_f 值的关系　　表 3-41

二灰土	21d	60d	90d	180d	C_f
T_{128}-F_1	1.47	2.3	2.82	3.31	0.42
T_{630}-F_1	1.09	1.79	2.37	3.16	0.28
二灰土	21d	60d	90d	180d	C_f
$T_{325}F_1$	1.68	2.31	3.12	3.91	0.20
$T_{214}F_1$	1.21	2.09	2.6	3.41	0.11
$T_{48}F_1$	1.06	1.84	2.37	3.02	0.11
$T_{518}F_1$	0.67	0.92	1.11	1.2	0.05

表 3-41 显示，土中 <0.005mm 颗粒含量大于 27% 时，C_f 值不能反映级配与强度的优劣；对于一般的黄泛区土，二灰含量在 32% ~36% 之间，C_f 值大的，二灰土级配优，强度高，C_f 值能反映级配与强度的优劣。

综上所述，粉煤灰与土混合后的颗粒组成，粉煤灰、土中黏粒含量是影响二灰土强度、压实性能、二灰土使用性能的关键因素。对于黄泛区的粉性土与粉质黏土，即 <0.005mm 颗粒含量不大于 25%、二灰含量在 32% ~36%，C_f 值大的，二灰土级配优，强度高，C_f 值能反映级配与强度的优劣，是反映关键因素的重要指标。

二灰含量在 32% ~36% 是黄泛区土质最适宜的二灰含量范围；C_f 值是二灰土配合比设计时的一个重要参考指标；土中小于 0.005mm 颗粒含量范围也是二灰土配合比设计时的一个有用的参考指标；土的有机质含量是个必要的指标。对于黄泛区土，在进行二灰土配合比设计时，当小于 0.005mm 颗粒含量不大于 27%、二灰含量在 32% ~36%，可通过级配试验的 C_f 值来判断强度的高低；用 C_f 值来判断强度的排序与分析试验的误差。

（2）二灰含量与二灰土强度的关系

前面的分析结果表明，二灰含量对二灰土的强度特别是后期强度有很显著的影响。以各合同段龄期、二灰比相同的二灰土的二灰含量为横坐标，无侧限抗压强度为纵坐标建立二灰含量与强度的关系（如图 3-38、图 3-39 所示）。

图 3-38 显示，随着二灰含量的增大，虽然个别强度有所降低，但从整体来

看,21d 强度呈增加趋势。图 3-39 显示,各合同段二灰土 180d 的强度随二灰含量的增加而明显增大,二灰稳定 T_{128}、T_{325}、T_{630} 的强度增加幅度大于 T_{214}、T_{48}。说明二灰含量从 32% 增加到 40%,二灰土的早、后期强度都增加;黏粒含量高的土,提高二灰含量,二灰土强度增加更明显。

虽然二灰含量的增加有利于二灰土强度的增强,但二灰稳定粉性土与稳定黏性土强度增长率是不同的。并不是所有的土二灰含量都是越高越好,二灰土存在着合理的经济剂量,这个合理的剂量由二灰土的粗细度、可压实性确定。对于粉性土 32% ~36% 是合适的,对于粉质黏土、黏性土,36% ~40% 是合适的。

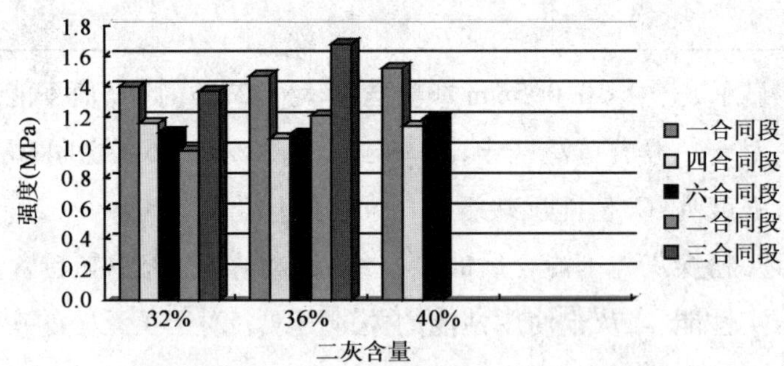

图 3-38　二灰含量与二灰土强度的关系(二灰比 1∶3,21d)

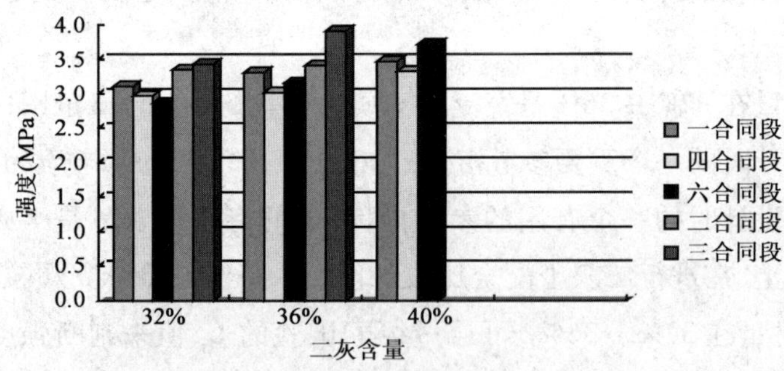

图 3-39　二灰含量与二灰土强度的关系(二灰比 1∶3,180d)

(3)二灰比与二灰土强度的关系

试验结果及分析表明,二灰比对二灰土的早期强度的影响比后期大,但都不具显著性。这是由黄河冲(淤)积形成的黄泛区土质的特点决定的。黄泛区的土质,以粉粒含量高,黏粒含量低,且活性不大的粉质土与粉质黏土为主,强度的生成主要是二灰之间的火山灰作用,而与土的反应生成量较少。因而,强度高的二灰土都基本上对应着一个固定的二灰比(1∶3)。五合同段二灰土强度试验结果显示1∶2的二灰比的二灰土强度比1∶3高,说明当土中有机质含量较大时,需要增加石灰用量以中和土的酸性,提高土的pH值。因此,对于二灰稳定黄泛区的土质,二灰比主要取决于石灰与粉煤灰的质量;从整个龄期分析,最佳二灰比是1∶3而不是1∶2。当土中的有机质含量高(土的pH值小于7)时,二灰比宜取1∶2。

4. 二灰土的劈裂强度试验

表3-42是黄泛区二灰土劈裂强度试验结果。由表3-42可见,同样二灰含量的二灰土6个月的劈裂强度,土黏粒含量越高、二灰含量越高,二灰土劈裂强度越大。《公路沥青路面设计规范》(JTG D50—2006)给出的二灰土6个月的劈裂强度设计值0.2~0.3MPa,是依据黏性土二灰土小梁试件的弯拉强度等于1.786~2.8倍后的劈裂强度的回归关系,统一取2倍后给出的强度值。对于黄泛区的二灰土,6个月的劈裂强度设计值可取0.3~0.35MPa。

二灰土的劈裂强度汇总 表3-42

试样		7d	21d	60d	90d	180d
T_{214}(32%、1∶2)	强度(MPa)	0.03	0.09	0.29	0.43	0.68
	C_v	0.2	0.1	0.2	0.13	0.07
T_{325}(36%、1∶3)	强度(MPa)	0.04	0.10	0.26	0.44	0.70
	C_v	0.1	0.12	0.21	0.02	0.01
T_{48}(34%、1∶2)	强度(MPa)					0.55
	C_v					0.15
T_{48}(36%、1∶3)	强度(MPa)					0.54
	C_v					0.13
T_{48}(40%、1∶3)	强度(MPa)					0.72
	C_v					0.18

5. 配合比设计新思路

现行规范关于二灰稳定土的配合比设计方法是以二灰稳定土试件标养7d强度为控制指标来确定各组成材料的配比,上述分析表明,按7d强度标准主要存在以下问题:

①试件7d强度受试验人员、试验设备以及养生条件的影响很大,不同时间

配制相同配合比的试件强度差异可达30%以上。

②试件7d强度受二灰含量、二灰比的影响不显著,在很大程度上取决于土的特性和石灰质量,黏粒含量较高、级配良好、有机质含量低的土,二灰土7d强度很容易达到规范要求的标准。

③五合同段二灰土强度试验结果表明,对于有机质含量较高的土,试件7d强度可能达不到规范要求,通过提高石灰的质量与用量或掺入0.3%的Na_2CO_3溶液,都可以提高试件早期强度,使7d强度满足规范要求,但后期强度可能还是处于较低的水平。

④标准养生,7~21d的龄期内,强度增长波动很大;21~60d的时间段是强度增长最快的时期。60d后强度增长率进入稳定生长的时期。

上述四点说明,二灰土强度增长是分阶段进行的。初期强度增长的慢而且不稳定,而后进入强度快速增长的时期,说明了二灰稳定土试件的7d无侧限抗压强度不但试验误差大,也反映不了二灰含量、二灰比的优劣,单纯地以试件7d强度为控制指标来确定各组成材料的配比是不合理的。60d的龄期比较适宜。考虑到二灰含量、二灰比对强度影响的时效性、现场施工的可操作性,28d的龄期标准也是可以的。

二灰稳定土的配合比设计主要是解决两个问题:一是确定配合比的控制指标;二是确定组成材料与各材料之间配比。主要内容是确定二灰比、二灰含量与施工的压实控制指标(最佳含水率与最大干密度)。现行规范和上述分析表明,土的黏粒含量、二灰含量、二灰比都有合理的范围,粉煤灰、石灰也有一定的质量要求。由于土、粉煤灰级配、土与粉煤灰和石灰活性质量指标的变异性,以强度为控制指标确定二灰稳定土的配合比设计,因其影响因素多、试验结果受到试验因素影响较大而需进行大量的试验才能得到较优的结果。根据二灰稳定土强度形成与发展的机理以及各因素对强度的影响规律,在配合比设计时,以颗分、pH值、烧失量为重要依据选取原材料;以二灰对二灰土强度的影响规律拟定二灰含量、二灰比。土的选用必须与粉煤灰结合起来,二者的混合料颗粒组成级配应良好,<0.005mm颗粒含量在17%~27%最适宜。当<0.005mm颗粒含量<17%时,稍加黏土的性价比最优。混合料颗粒级配粗细颗粒比C_f值是重要的控制指

标。土的黏粒含量偏高或有机质含量较高,应适当增加石灰用量。

二灰含量过低,二灰稳定土的强度提高幅度会偏低;二灰含量过高,虽然最终强度会很高,但初期强度会偏低,施工压实困难且不经济。对于二灰稳定粉性土,32% ~36%是较合理的二灰含量范围;对于二灰粉质黏土与黏性土,二灰含量36% ~40%是合适的。在这个范围内需根据土的颗粒组成来选用二灰含量。颗粒越细,二灰含量应越高,以使混合料能达到高的密实度。应根据土中黏粒含量、活性与有机质含量调整二灰比,有机质含量、黏粒含量高,适当增加石灰用量,应采用较大的二灰比。

五、气候与环境对二灰黄泛区土强度的影响

适宜的养生条件(水分、温度和养生时间)对二灰稳定土的强度生长和抗干缩开裂十分重要。没有良好的养生,再好的混合料设计也不会得到满意的使用性能。温度特别是温度梯度强烈地影响着无机结合料强度增长与干缩速率,这对施工来说是非常重要的。

石灰粉煤灰土中的各种化学反应都需要在水的参加下进行,石灰粉煤灰类混合料压实成型后,更适宜在潮湿条件下养生,因此,保持混合料中的适宜水分尤为重要。已有的研究表明,如果在养生过程中能基本保持二灰稳定土中的压实含水率(通常接近最佳含水率范围),就足够满足火山灰反应的需要,是最理想的养生条件。石灰、粉煤灰、土中的火山灰反应与养生时间和温度有关。温度对石灰粉煤灰火山灰反应的影响不是线性的,养生温度超过27℃后,它对火山灰反应的加速作用大于较低的温度。温度低于4℃时,石灰粉煤灰混合料的强度发展相当的缓慢。夏季高温时期,石灰粉煤灰土的强度增长很快,但此时期水分蒸发快,养生不良极易产生干缩裂缝。因此,不同的气候条件,应有不同的养护龄期和合适的保湿措施。

1. 湿度对强度的影响

在温度为20℃ ±1℃,湿度大于90%的标准养护室内,采取塑料袋开口(湿度较大)、密封(袋内湿度基本维持在最佳含水率左右)两种方式对二灰土试件进行养生,二灰土7d、14d、21d无侧限抗压强度见表3-43。

相同温度、不同养生湿度下的强度 表 3-43

土类	二灰含量（%）	二灰比	养生方式	7d		14d		21d	
				强度（MPa）	质量损失（g）	强度（MPa）	质量损失（g）	强度（MPa）	质量损失（g）
T_{214}	32	1:3	敞开	0.60	-5.8	1.00	-9.2	1.25	-10.2
			密封	0.60	0.1			0.98	0.3
	36	1:4	敞开	0.55	-1.4	0.78	-8.7	1.14	-12.6
			密封	0.82	0.4			1.18	0.3
		1:2	敞开	0.55	-10.8	0.90	-2.6	1.44	-10.7
			密封	0.84	0.3			1.21	0.2
T_{325}	32	1:3	敞开	0.65	-0.4	0.96	-5.5	1.25	-6.8
			密封	0.94	0.2			1.37	0
	36	1:4	敞开	0.78	-1.7	1.03	-7.3	1.44	-8.8
			密封	0.93	0.2			1.57	0
		1:3	敞开	0.74	-0.2	0.96	-5.8	1.41	-8.7
			密封	0.86	0.4			1.68	0.3
		1:2	敞开	0.82	-1.8	1.08	-6.4	1.42	-7.6
			密封	0.89	0.3			1.71	0.1

注：质量损失：+—试件养生期间质量增加，-—试件养生期间质量减少。

表 3-43 的数据表明，密封养生 7d 强度普遍比敞开养生高，二灰含量为 36% 的 T_{214} 和二灰含量为 32% 的 T_{325} 更明显；采用 T_{214} 的二灰土密封养生 21d 强度比敞开养生低，T_{325} 比敞开养生高。黏粒含量高的土，早期强度，密封养生强度低于敞开养生，二灰比越小（粉煤灰含量越高）敞开养生强度越低；后期强度，敞开养生强度高于密封养生。粉粒含量高的土，是由于粉土二灰土的粒间黏结力差，在早期物理变化阶段，水的进入会进一步降低粒间黏结力，过多的水分使得试件松散，不利于早期强度的形成。当粉质二灰土经过早期的物理变化，有了初步强度，进入火山灰反应阶段后，充足的水分是强度增长的保障。因此，二灰稳定粉土的养生，前 7d 应保持在最佳含水率附近养生，7～10d 后适于在更潮湿的环境中养生。粉质黏性土二灰土敞口养生强度均小于密封养生强度，二灰比越小，即粉煤灰含量越高，早期强度比（密封养生强度/敞口养生强度）越大，后期强度比越小。对于碾压后的粉质黏性土二灰土，养生期间过多的水的进入会使密实的结构软化，不利于强度的增长。二灰黏性土保持在最佳含水率附近养生效果最佳。由此可见，粉粒含量高的土在 7～10d 后的养生适于更加潮湿的环境。

2. 气温、降雨对强度的影响

分别于6月、9月制作试件，在室内标准养生、室外覆盖20cm厚砂自然潮湿养生条件下，测试试件7d、14d、21d无侧限抗压强度。期间的气温变化见图3-40～图3-43。抗压强度结果见表3-44。

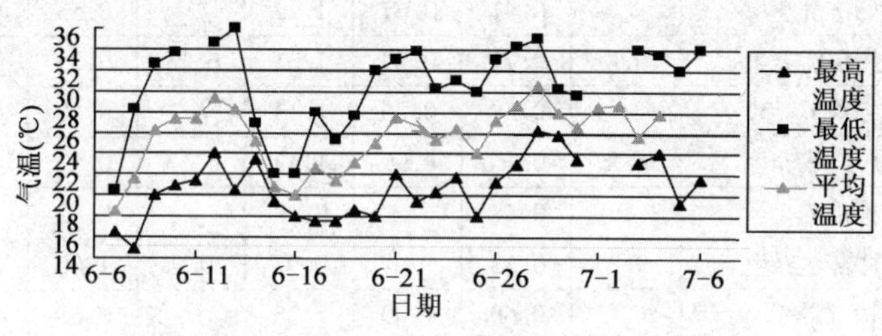

图3-40　6～7月气温

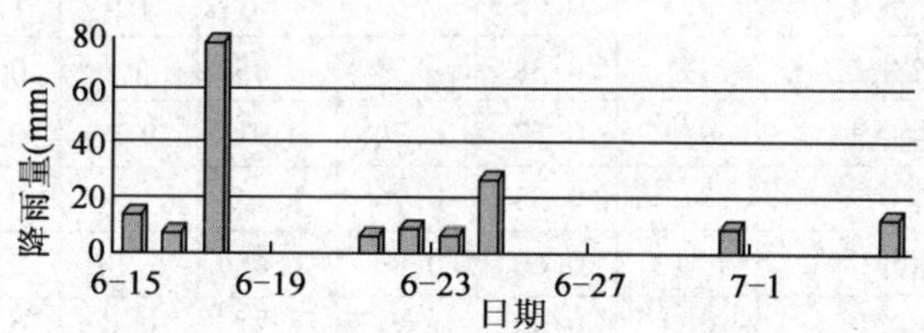

图3-41　6～7月降雨量

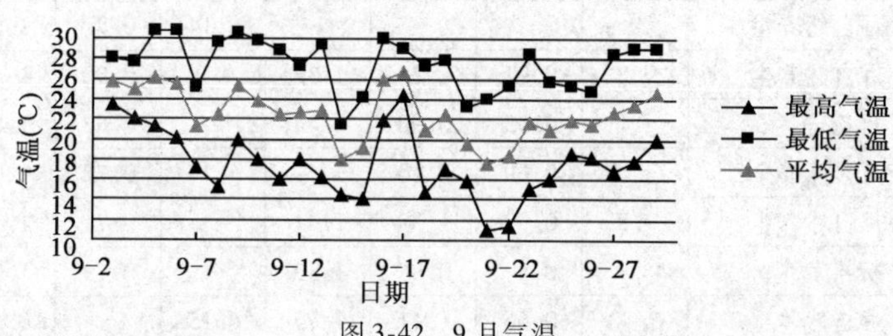

图3-42　9月气温

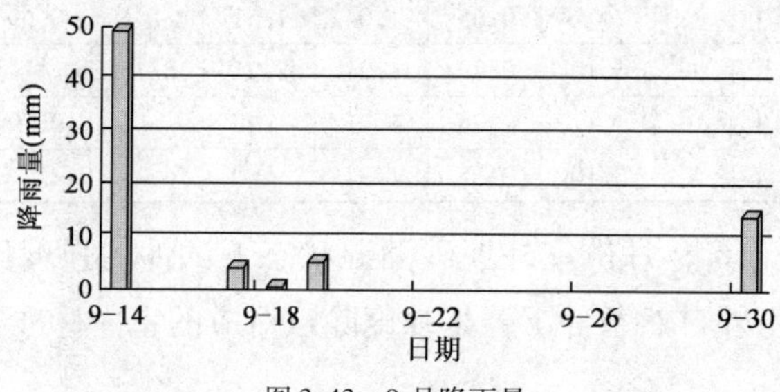

图3-43　9月降雨量

6 月和 9 月试件的强度对比 表 3-44

二灰含量 二灰配比	养生方式	强度(MPa)							
		T_{214}				T_{325}			
		制作试件日期	7d	14d	21d	制作试件日期	7d	14d	21d
24% 1:4	标准养生		0.41	0.67	1.12		0.53	0.82	1.07
	6 月自然养生	6.8	0.71	0.89	1.35	6.13	0.55	0.75	1.05
24% 1:2	标准养生		0.58	0.86	1.13		0.60	0.88	1.13
	6 月自然养生	6.8	0.75	0.99	1.43	6.13	0.57	0.85	1.21
32% 1:4	标准养生		0.48		0.98		0.82		1.24
	9 月自然养生	9.3	0.53		0.97	9.9	1.00	1.37	1.44
32% 1:3	标准养生		0.60	1.00	1.25		0.65	0.96	1.25
	6 月自然养生	6.9	0.78	1.19	1.71	6.13	0.64	1.05	1.35
	9 月自然养生	9.3	0.66		1.07	9.9	1.00	1.32	1.41
32% 1:2	标准养生		0.58		0.85		0.91		1.29
	9 月自然养生	9.3	0.57	0.74	0.91	9.9	0.98	1.44	1.44
36% 1:4	标准养生		0.55	0.78	1.14		0.78	1.03	1.44
	6 月自然养生	6.12	0.60	0.86	1.45	6.14	0.73	1.08	1.59
	9 月自然养生	9.8	0.84	1.21	1.35	9.9	0.82	1.40	1.49
36% 1:3	标准养生		0.83		1.21		0.74	0.96	1.41
	6 月自然养生					6.14	0.71	1.07	1.59
	9 月自然养生	9.8	0.91	1.25	1.36	9.9	0.90	1.42	1.64
36% 1:2	标准养生		0.55	0.90	1.44		0.82	1.08	1.42
	6 月自然养生	6.12	0.69	1.10	1.67	6.14	0.72	1.08	1.36
	9 月自然养生	9.8	0.99	1.35	1.41	9.9	0.71	1.19	1.30
40% 1:3	标准养生		0.57	0.88	1.32		0.73	1.09	1.43
	6 月自然养生	6.10	0.66	1.11	1.75	6.15		0.66	0.82
48% 1:4	标准养生		0.65	1.04	1.51		0.69	1.22	1.45
	6 月自然养生	6.10	0.79	1.21	2.21	6.15		0.53	0.81
48% 1:2	标准养生		0.75	1.21	1.78		0.79	1.30	1.69
	6 月自然养生	6.10	0.65	1.34	1.90	6.15		0.59	0.88

由表 3-44 可知,6、9 月份室外埋砂潮湿状态下试件的强度比室内养生高,为了便于分析,用室外自然条件下养生强度除以对应的室内标准养生强度,结果见表 3-45、表 3-46。

6 月室外自然养生与室内标准养生强度比　　表 3-45

二灰含量	二灰比	强度比							
		T_{214}				T_{325}			
		日期	7d	14d	21d	日期	7d	14d	21d
24%	1:4	6.8	1.73	1.33	1.21	6.13	1.04	0.91	0.98
	1:2		1.29	1.15	1.27		0.95	0.97	1.07
32%	1:3	6.9	1.30	1.19	1.37	6.13	0.98	1.09	1.08
36%	1:4	6.12	1.09	1.10	1.27	6.14	0.94	1.05	1.10
	1:3					6.14	0.96	1.11	1.13
	1:2	6.12	1.25	1.22	1.16	6.14	0.88	1.00	0.96
40%	1:3	6.10	1.16	1.26	1.33	6.15		0.61	0.57
48%	1:4		1.22	1.16	1.46			0.43	0.56
	1:2		0.87	1.11	1.07			0.45	0.52

9 月室外自然养生与室内标准养生强度比　　表 3-46

二灰含量	二灰配比	强度比					
		T_{214}			T_{325}		
		日期	7d	21d	日期	7d	21d
32%	1:4	9.3	1.10	0.99	9.9	1.22	1.16
	1:3		1.10	1.09		1.06	1.03
	1:2		0.98	1.07		1.08	1.12
36%	1:4	9.8	1.02	1.14		0.88	0.95
	1:3		1.10	1.12		1.05	0.98
	1:2		1.18	1.17		0.80	0.76

由表 3-45 可见，室外自然养生与室内标准养生试件的强度比变化很大，在好的天气条件下，自然养生试件的强度比标准养生试件的强度高 40% 以上，而在较差的天气条件下，自然养生试件的强度比标准养生试件的强度低，部分试件还遭到破坏。

图 3-40、图 3-41 显示，6 月 9 日 ~6 月 13 日天气晴朗，最高气温在 33℃ 以上；6 月 14 日 ~6 月 20 日为阴雨天气，最高气温在 28℃ 以下，6 月 18 日上午下了一场特大暴雨，使室外试件泡水达 5h 左右；6 月 21 日后气温变化较平缓，降雨量也不大。6 月 9 日 ~6 月 20 日剧烈的天气变化导致 6 月 8 日 ~6 月 15 日间所制的二灰土试件（室外养生）强度的形成与发展产生了明显的差异。6 月 8 日 ~6 月 10 日的试件 7d 强度没有受到暴雨的影响，在高温天气（最高气温在 33℃ 以上）中分别养生了 6d、5d、4d，强度分别比室内养生强度增加 51%、30%、8%，

说明气温对二灰土强度有显著影响；14d 强度受到暴雨的影响，强度分别比室内养生强度增加 24%、19%、18%，强度增加幅度差别不大，说明养生 8d 以上的试件受到暴雨的影响较小；21d 强度分别比室内养生强度增加 24%、37%、29%，与 7d 强度增加幅度对比，7d 强度增加幅度最大而 21d 强度增加幅度反而最小，说明二灰土初期强度并不能完全反映后期强度。6 月 12 日的试件在养生的第 6d 遭遇暴雨，7d 强度比室内养生强度增加 17%，14d 强度增加 16%，21d 强度增加 21%，强度发展比较平稳，说明养生 6d 的试件受到暴雨的影响不大。6 月 13、14 日的试件 7d 强度分别比室内养生强度降低 1%、7%，14d 强度分别增加 -1%、5%，21d 强度分别增加 4%、6%，说明养生少于 6d 的试件如果遭遇暴雨致使试件长时间（5h 以上）泡水，将显著减缓强度的发展。6 月 15 日制的试件在养生的第 3d 遭遇暴雨，第 6d 取出试件时都基本不能成型，14d、21d 强度虽然有所发展，但只达到室内养生强度的 50% 左右，试件膨胀变形也比较大，说明养生少于 4d 的试件如果遭遇暴雨致使试件长时间（5h 以上）泡水，强度将受到破坏。T_{214} 稳定土自然养生强度明显高于标准养生强度；T_{325} 二灰稳定土的自然养生强度高于标准养生强度，但相差不大。这说明，高温时，二灰稳定粉性土比二灰稳定黏性土对温度更敏感。但是，由于粉土二灰土的孔隙性，热流易于渗入内部，即易吸收也易于放出热量；黏性土二灰土结构致密，虽然热流渗入速度慢，但黏性土二灰土的温度梯度大于粉性土二灰土，黏性土二灰土更易聚热，若养生不良，表面更易干缩产生裂缝。二灰土碾压完成后的 6d 内，特别是头几天，应避免养生时过量的水分或雨水的浸泡。

图 3-42、图 3-43 显示，9 月气温相对 6 月变化比较平缓，9 月 14 日的大雨使 9 月 9 日制的试件（三合同、二灰含量 36%）部分泡水 1h 左右。表 3-39 中室外养生与室内养生强度的比值变化不大，室外养生没有遭泡水的试件 7d、21d 强度比室内养生强度平均约增加了 10%，遭受泡水试件 7d、21d 强度比室内养生强度平均减少 10%。

3. 二灰土的抗冻性

将 5cm × 5cm 的圆柱体试件装入塑料袋放入养护室开口标准养生 28d，以在 -20℃ ±2℃ 温度下冷冻 4h，再置入 20℃ 恒温水浴浸泡 4h 为一循环，5 个循环后测量无侧限抗压强度，测试结果见表 3-47。随冻融循环次数的增加，二灰土试件由出现微裂纹到明显的裂纹、掉块、脱皮。二灰含量高的试件外观表现好于二灰含量低的试件，且二灰含量高的试件在冻融循环过程中强度依然增加；二灰比 1∶3 的试件抗冻强度高于 1∶2 的试件。12% 石灰土对比试件冻融 3 个循环全部塌散破坏，说明二灰土有良好的抗冻性能，最低施工温度的要求低于石灰土。

二灰稳定粉性土（T_{48}）的 28d 龄期的抗冻强度　　表 3-47

二灰含量（%）	32	36	40	12% 石灰土
二灰比 1∶2	0.42	0.73	0.93	冻融 3 个循环全部泡散
二灰比 1∶3		0.89		

4. 现场施工强度与养生

(1) 现场芯样的强度

齐河—夏津段沿线 6 个合同段的芯样强度见表 3-48。

现场各合同段不同龄期与配比的二灰土芯样强度　　表 3-48

合同段		烧失量（%）	钙镁含量（%）	配合比	施工日期	第一次取芯		第二次取芯		第三次取芯		第四次取芯	
						龄期（d）	强度（MPa）	龄期（d）	强度（MPa）	龄期（d）	强度（MPa）	龄期（d）	强度（MPa）
一	K3 +738 ~ K4 +000	6.08	57.6	10/30/60	05.5.20	32	1.6	39	2.03				
一	K0 +759 ~ K1 +000	6.08	58.3	10/30/60	05.4.25	57	2.1	64	2.52				
一	K0 +320 ~ K0 +420	6.08	57.6	9/27/64	05.5.6	46	1.96	53	2.42				
一	K3 +738 ~ K4 +000	6.08	58.3	9/27/64	05.4.30	52	2.3	59	2.66				
二		10.24	56	12/24/64	04.11.3	30	*	60		80	2.36	95	3.78
三（K32 +880 ~ K43 +000）		17.71	58.2	12/24/64	05.5.13	9	0.65	21	0.88				
					05.5.27	7	0.68	22	1.03	28	1.22		
					05.6.3	15	0.7	21	0.76				
四		5.84	57.4	12/24/64	05.5.27	7	0.60						
五**		18.8	72.1	10/20/70	05.4.1	30	1.05	60	2.65	90	3.05	111	4.65
六（K71 +163）		14.7	82.56	9/27/64	05.6.3	7	0.7	14	1.1	28	1.3		

注：* 表示芯样不成型；** 表示采用生石灰粉。

表3-48显示,二合同段使用的是粉性土T_{214}的二灰土,二灰含量36%,二灰比1∶2。2004年11月4日开始施工,30d、60d龄期皆取不出完整的芯样,2005年1月21日取出的80d龄期芯样强度2.36MPa,二月中旬取出的95d龄期芯样强度达3.78MPa。低温强度增长的十分缓慢,低温施工虽不利于强度生长,但二灰土还是表现出良好的抗冻性能。一合同段使用的是粉质黏土T_{128}的二灰土,二灰含量36%和40%,二灰比1∶3。同是4月份施工的同样的二灰比1∶3,二灰含量36%的强度低于含量40%的强度;同样的二灰含量36%、二灰比1∶3,4月30日施工的龄期52d的强度是2.3MPa,5月施工的龄期53d的强度是2.42MPa,温度高的强度高。三合同段使用的是粉质黏土T_{325}的二灰土,二灰含量36%,二灰比1∶2,由于粉煤灰烧失量高,各个龄期的现场芯样强度都较低。这说明有机质含量影响了强度与强度的发展。五、六合同段使用的二灰含量分别是30%与36%,二灰比分别是1∶2与1∶3,石灰都是生石灰粉,无论是5月施工的还是6月施工的,强度只略高于标准养生的各龄期同配比的使用消石灰的强度,粉煤灰的烧失量高是一个原因。

由此可见,气温对二灰土强度的形成与发展影响显著。5~8月施工可以根据天气情况,适当缩短养生龄期;10月到第二年的3月施工,应延长养生龄期。

综上所述,现场芯样强度对温度、湿度的响应与室内外不同温度、湿度条件对试件强度的影响表现出了同样的规律性;二灰含量、二灰比、有机质含量对强度的影响表现出了与室内标准养生同样的规律性。这说明,室内标准养生、室内外不同温度、湿度养生条件对强度的影响分析得出的结论与现场相吻合的,可以用于指导工程实践。

(2)现场养生条件对二灰土收缩开裂的影响

图3-44是四合同高塘段粉土二灰土(4~5月份施工)养生16d后的表面状况。由于养生用保湿棉的湿度保持良好,特别是后期高温时段,养生水分充足,粉土二灰土表面平整,几乎无裂纹。

6月3日,六合同段完成二灰土的碾压(最高气温35℃,最低气温22℃),6月16日观察并取芯(16日高温创历史纪录),养生期间尽管高温无雨、风大,但由于保湿棉覆盖洒水保湿良好,养生半月的粉土二灰土与黏土二灰土均良好无开裂,粉质黏土二灰土芯样(图3-45、图3-46)质量很好。

图 3-44　四合同高塘段粉土二灰土表面

图 3-45　六合同段养生半月的黏土二灰土表面

a)

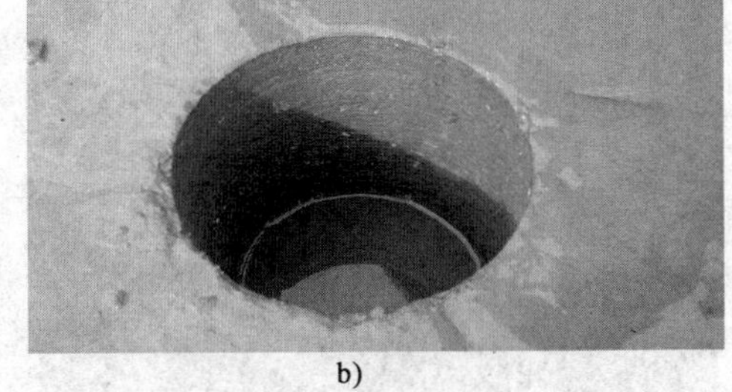

b)

图 3-46　六合同段养生半月的粉质黏土二灰土芯样

图 3-47 是一合同段的粉质黏土二灰土,4 月份施工,因养护 10 ~ 12d 后揭开保湿棉暴露在大气中而产生纵向开裂;碾压含水率偏高的地方,养生 7d 后可见横向微细裂纹。图 3-48 是三合同段的黏土二灰土段,5 月中旬施工,保湿棉覆盖洒水养生 12d 未见裂纹;6 月 10 日以后,高温无雨、风大,又未洒水养生,暴露的部分产生了宽 1mm 的开裂,且纵向居多,而未暴露的保湿棉下的黏土二灰土裂缝没有张开。

图 3-49 是二合同段 2005 年 5 月中下旬施工养生的粉质黏土二灰土,表面良好无裂纹;图 3-50 保湿棉正在养护的粉质黏土二灰土;图 3-51 正在路拌的粉质黏土二灰土;图 3-52 显示的是施工便道上路处,由于车辆频繁掉头,刚养生 6d 就暴露在大气中的粉质黏土二灰土开裂严重。

上述现场养生的现象说明,高温、干燥的天气条件下,如果没有充足的水分养生,而碾压含水率又偏大时,粉质黏土、黏性土比粉性土二灰土更易开裂。同样的养生条件下,粉性土二灰土比粉质黏土、黏性土二灰土抗干缩开裂性差。温度低的季节施工,虽然二灰土强度增长缓慢,但不易发生干缩开裂;温度越高,强度增长越快,越易干缩开裂。二灰土更适宜在3月、4月、9月和10月施工;高温多雨的7月、8月(温度高,湿度大)也可施工,但严禁碾压后的6d内被水浸泡。二灰土养生7d后,特别是温度高的情况下,充足的水分(高的湿度)养生是遏制二灰土干缩开裂的关键措施。这与室内外不同养生条件下的研究结论相吻合。

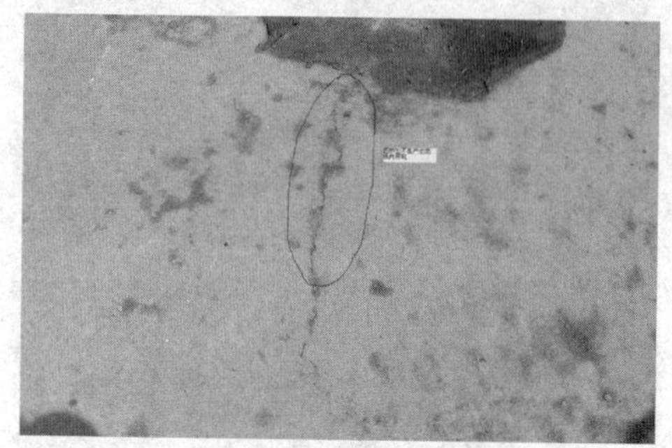

图3-47　粉质黏土二灰土养生不良产生纵向开裂

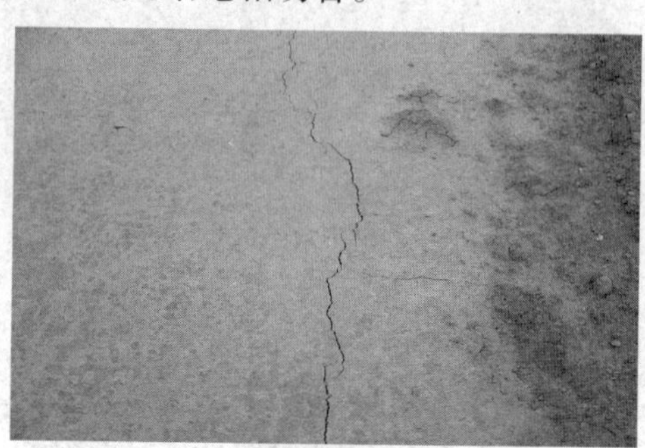

图3-48　粉质黏土二灰土养生不良产生纵向开裂

图3-49　保湿棉下养生良好的粉质黏土二灰土

图3-50　保湿棉正在养护的粉质黏土二灰土

图3-51　粉质黏土二灰土路拌施工

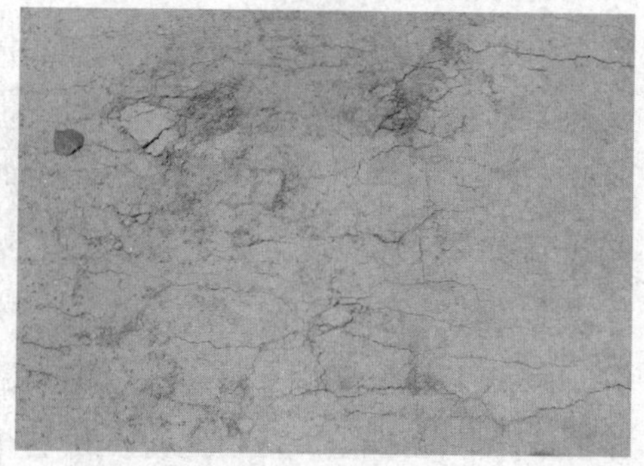

图3-52　车辆掉头处的粉质黏土二灰土开裂

六、二灰稳定黄泛区土碾压工艺

1. 黄泛区二灰土压实特点及其对强度的影响

压实工艺与压实质量控制方法是二灰土施工的关键。二灰土的压实与土、粉煤灰颗粒组成有密切的关系。压实后的粉煤灰最小孔隙比一般在1.10～1.20之间，是一个多孔隙材料。粉煤灰的颗粒主要由粉粒组成，小于0.002mm的颗粒极少，而液限较大，几乎没有塑性，无黏结性或黏结性极小，粒度分布曲线介于粉质黏土和粉质砂土之间，具有明显的细砂、粉砂特征。内摩擦角较大，黏聚力很小。在潮湿的粉煤灰中，有一小部分水在其孔隙中，形成毛细的表面张力，引起一种取决于含水率的“显示内聚力”，干燥时松散，饱水后内聚力几乎为零。由于粉煤灰的颗粒中，以空心玻璃微珠为主要成分，颗粒组成以砂、粉粒为主，密度小、多孔隙性、液限高、毛细作用剧烈，决定了二灰土与一般土的压实性状的不同。二灰土的最佳含水率高，范围宽；单位体积的质量轻，最大干密度小，更难压实。黄泛区土粉粒含量高、磨圆度高的特殊性更增加了二灰土压实的困难程度。针对粉煤灰颗粒结构的特殊性、二灰土中粉煤灰的掺量、粉煤灰与不同类型的土配合后的颗粒组成特点，采取合理吨位压路机、碾压振幅、频率、碾压含水率范围，以及合理的碾压工艺组合，是提高黄泛区二灰土压实质量的关键。

二灰土碾压含水率范围控制很关键。若含水率小于最佳含水率，由于粉煤灰发达的毛细湿润能力，二灰土碾压过程中表层水易蒸发散失，二灰土表面变得松散且很难压实。若高于最佳含水率3%以上，二灰土振动易液化，碾压过程中易出现黏轮、翻浆、反弹现象，并且养生后强度有所下降（表3-49）。

表3-49显示，当含水率大于最佳含水率4%时，二灰土强度降低明显；制作试件时试件高度大，养生期间高度增加也大，说明很难压实。

不同含水率二灰土的无侧限抗压强度　　表3-49

配　合　比	项　　目	w_{opt}	$w_{opt}+2\%$	$*w_{opt}+4\%$
粉土 二灰含量32% 二灰比1:2	质量增加(g)	7.3	4.7	2.6
	高度(cm)	5.00	5.02	5.07
	强度(MPa)	5.73	5.19	5.10

续上表

配　合　比	项　　目	w_{opt}	$w_{opt}+2\%$	$*w_{opt}+4\%$
粉质黏土 二灰含量36% 二灰比1:3	质量增加(g)	6.4	4.6	2.0
	高度(cm)	5.03	5.06	5.10
	强度(MPa)	5.81	5.66	4.59

二灰稳定土碾压工艺直接影响二灰土的压实度,而压实度显著影响着二灰土的强度(图3-53、图3-54,表3-50、表3-51)。图3-54显示,压实度从95%提高到98%,强度增加约25%,相同二灰含量、不同二灰比的二灰土提高的幅度大致相等。

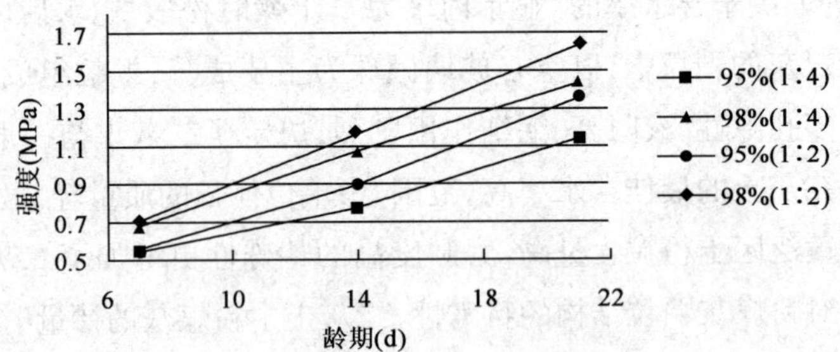

图3-53　T_{214}粉土二灰土不同压实度的强度对比

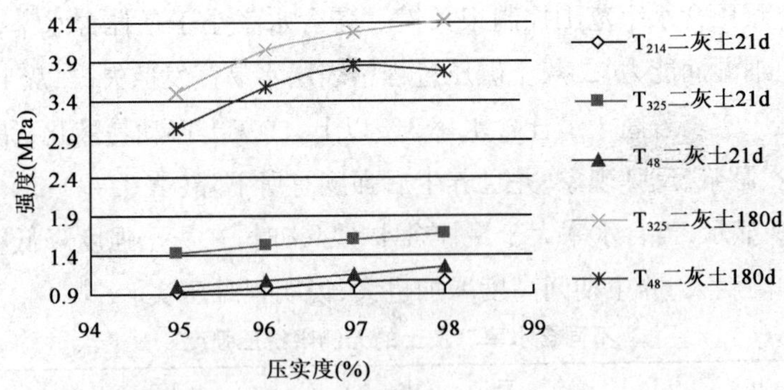

图3-54　二灰含量36%的1:2二灰土强度随压实度的变化

图3-54显示,压实度从95%提高到98%,三个合同段的二灰土早期强度随压实度提高呈线性增加,压实度每提高一个百分点,强度增加约8%。说明提高不同土类、不同二灰比的二灰土压实度,早期强度都能显著增加。图3-54还显

示，压实度从95%提高到96%，二灰土180d的强度，二灰稳定T_{325}、T_{48}强度分别提高了16%、17%；从95%提高到97%，强度分别提高22%、27%；从95%提高到98%，强度也分别提高27%、25%。说明良好的压实对提高二灰土强度十分重要。压实度由95%提高到97%，强度显著提高；对于后期强度，压实度由97%再提高，二灰土强度增加不明显。对于早期强度较低的二灰粉性土，增加压实度是一个提高早期强度的较好方法。

二合同不同二灰比下压实度对二灰土强度的影响　　表3-50

土的编号	二灰含量	二灰比	养生条件	压实度(%)	龄期		
					7d	14d	21d
T_{214}	36%	1:4	标养	95	0.55	0.78	1.14
			标养	98	0.68	1.08	1.44
		1:2	标养	95	0.55	0.90	1.36
			标养	98	0.70	1.17	1.64

不同土质下压实度对二灰土强度的影响　　表3-51

二灰土类型	强度(MPa)							
	95%		96%		97%		98%	
	21d	180d	21d	180d	21d	180d	21d	180d
T_{214}(36%、1:2)	0.93		0.98		1.05		1.08	
T_{325}(36%、1:2)	1.42	3.50	1.52	4.05	1.60	4.27	1.69	4.43
T_{48}(36%、1:2)	1.01	3.03	1.08	3.56	1.15	3.84	1.25	3.78

2. 黄泛区二灰土压实工艺

《公路路面基层施工技术规范》(JTJ 034—2000)对二灰土的施工工艺仅给出了一般规定：二灰稳定土经过整型后，当混合料处于最佳含水率或大于最佳含水率1%～2%时，应立即用轻型压路机并配以12t以上压路机在结构层全宽内进行碾压。一般需碾压6～8遍；压路机的碾压速度，头两遍以采用1.5～1.7km/h为宜，以后用2.0～2.5km/h的速度碾压；采用人工摊铺整形的二灰土，宜采用先轻型、后重型压路机碾压。

粉煤灰颗粒的主要组成为细粉砂粉粒。二灰掺入土形成的二灰土的颗粒级配中，特别是二灰稳定粉性土，近乎等粒径的细粉砂粉粒成为主要的骨架颗粒。

玻璃微珠(空心海绵状玻璃体)又是粉煤灰的主要颗粒形态组成。与土和石灰土相比,二灰土颗粒因缺乏黏聚力而更松散,因为玻璃微珠多,更滑润,颗粒移动时摩阻力更小;等粒径范围的砂、粉粒含量高,空隙发达,碾压过程中能量易耗散,压完后易回弹;碾压时,颗粒排列与填充共存,但以排列为主。因而,如果选用的振幅、频率、压实能及碾压含水率不能与二灰土的颗粒级配相匹配,二灰土特别是二灰稳定粉土、低液限黏土就很难压实。寻找与二灰土级配相匹配的碾压工艺参数、含水率范围是压实二灰土的关键。

(1)二灰土试验路段的碾压试验

各合同段碾压工艺见表3-52。

在6个合同段二灰土碾压试验中发现,二灰土中粉煤灰比例越大压实越困难,二灰稳定粉土比二灰稳定黏土需要更多的碾压遍数;碾压含水率比最佳含水率大2% ~3%为宜,振动压路机振动频率在28 ~30Hz之间为宜;用推土机稳压可形成“毛面”,比压路机和平地机碾压效果好;对于二灰粉性土、二灰黏质粉性土,仅弱振的施工压实效果最差。

各合同段试验段的碾压工艺 表3-52

合同段	基本资料	碾压工艺
一	土的塑性指数:12.2 石灰:粉煤灰:土=10:30:60 最大干密度:1.50g/cm^3 最佳含水率:20.4%	推土机稳压一遍—刮平—16t压路机静压一遍—18t压路机振压(第一遍振压,振幅应稍小,在0.95~1mm之间,频率为30Hz,避免因强振导致在路面形成一个“硬壳”,而使压实度以后上升缓慢。以后碾压过程中,振幅逐步提高到1.8mm)—16t轮胎压路机碾压两遍
二	土的塑性指数:12.6 石灰:粉煤灰:土=10:30:60 最大干密度:1.49g/cm^3 最佳含水率:19.1%	YZ18振动压路机静压一遍—YZ18振动压路机单向弱振碾压一遍(振幅为1.1mm,振动频率28Hz)—YZ18振动压路机单向强振碾压一遍(振幅为2.1mm,振动频率28Hz)—YZ18振动压路机单向强振碾压一遍。 单向振压工艺为前进振压,后退静压
三	土的塑性指数:12.7 石灰:粉煤灰:土=12:24:64 最大干密度:1.54g/cm^3 最佳含水率:20.6%	XSM220振动压路机以1.5~1.7km/h速度弱振2遍—YZ18C压路机弱振3遍—3Y18-21三轮压路机以2.4km/h速度压实2遍—轮胎静压封面一遍

续上表

合同段	基本资料	碾压工艺
四	土的塑性指数:10.3 石灰:粉煤灰:土=12:24:64 最大干密度:1.49g/cm³ 最佳含水率:20.1%	YZ18JC 振动压路机快速静压一遍—YZ18JC 振动压路机以 2.86km/h 速度弱振(单向振动,振幅 1.1mm,频率 28HZ)三遍—3Y18-21 三轮压路机以 2.4km/h 速度压实一遍,以 4.5km/h 压实两遍—YZ18JC 振动压路机静压封面一遍
五	土的塑性指数:12.2 石灰:粉煤灰:土=12:36:52 最大干密度:1.47g/cm³ 最佳含水率:23.0%	YZ18 振动压路机来回静压一遍—YZ16 振动压路机低幅单向振动一遍—YZ18 振动压路机高频低幅振动四遍—轮胎压路机静压消除轮迹
六	土的塑性指数:15.2 石灰:粉煤灰:土=9:27:64 最大干密度:1.46g/cm³ 最佳含水率:25.4%	稳压一遍—单向强振三遍(速度控制在 1.8~2.0km/h)—轮胎压路机封面 路面两侧多微振 2~3 遍

(2)碾压工艺的优化

在综合分析六个合同段碾压结果的基础上,于三合同段进一步碾压现场试验。试验段二灰稳定土配合比为 12:24:64,最大干密度为 1.54g/cm³,最佳含水率为 20.5%,土的塑性指数 12.7。试验分别采用了 18t 压路机和自重 20t 的索兰 175 压路机。

弱振碾压采用三个频率:13.2Hz(低频)、16.5Hz(中频)、21.1Hz(高频)。强振也分别采用三个不同的频率:21.1Hz(低频)、26.5Hz(中频)、30.2Hz(高频)。压实方案和压实度见表 3-53、图 3-55。

双向弱振后,灰土层表面呈鱼鳞状起皮;单向强振后,灰土层表面局部有些松散,轮上黏土;碾压完成后,表面会留有小浅坑。

压实方案和压实度 表 3-53

碾压工艺	碾压遍数	压实度(%)
工艺 A 低频振压	稳压 2 遍	85.7
	稳压 2 遍 + 双向弱振 1 遍 + 静压 1 遍	89.7
	稳压 2 遍 + 双向弱振 1 遍 + 静压 2 遍	91.3
	稳压 2 遍 + 双向弱振 1 遍 + 静压 2 遍 + 单向强振 1 遍 + 静压 2 遍	96.7

续上表

碾压工艺	碾 压 遍 数	压实度(%)
工艺 B 中频振压	稳压 3 遍	87.2
	稳压 3 遍 + 双向弱振 1 遍 + 静压 2 遍	88.7
	稳压 3 遍 + 双向弱振 1 遍 + 静压 2 遍 + 单向强振 1 遍 + 静压 2 遍	96.7
工艺 C 高频振压	稳压 4 遍	90.4
	稳压 4 遍 + 双向弱振 1 遍 + 静压 2 遍	90.8
	稳压 4 遍 + 双向弱振 1 遍 + 静压 2 遍 + 单向强振 1 遍 + 静压 2 遍	99.0、99.2

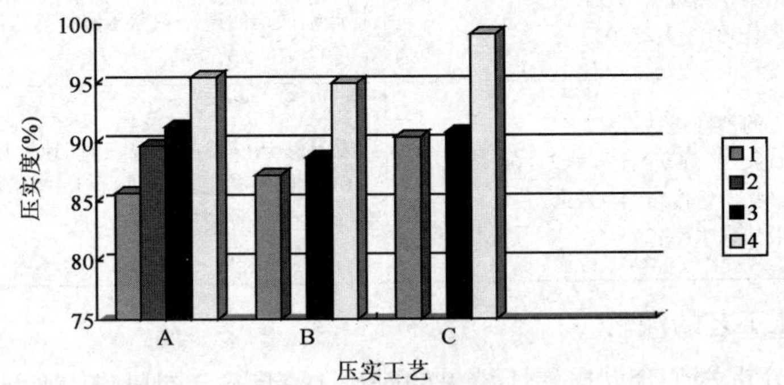

图 3-55　不同施工工艺下的压实度

1-稳压,2-稳压 + 双向弱振 1 遍 + 静压 1 遍,3-稳压 + 双向弱振 1 遍 + 静压 2 遍,4-稳压 + 双向弱振 1 遍 + 静压 2 遍 + 单向强振 1 遍 + 静压 2 遍

三种碾压工艺都采用稳压—双向弱振 + 静压—单向强振 + 静压工艺,只是稳压的遍数和振压的频率不同。图 3-55 显示,工艺 C 在稳压 4 遍后进行弱振碾压,压实度从 90.4% 提高到 90.8%,而工艺 A 在稳压 2 遍后就进行弱振碾压,压实度从 85.7% 提高到 91.3%,提高的幅度和达到的压实水平都比工艺 C 高,说明过多遍数的稳压导致之后的弱振没有明显的作用。由单向强振后的压实结果分析,工艺 C 的效果明显好于工艺 A、B,说明弱振碾压后的强振以高频振动碾压为宜。三种工艺试验均表明,二灰稳定粉土对振幅和振频是敏感的。没有强振,二灰稳定粉土压实度不能有效提高,仅靠弱振很难达到 95% 以上的压实度;在低频率下强振能使压实度提高到 95%,高频率强振可使压实度提高到 98%。

从压实机理来讲,静压—高频强振—弱振—静压的碾压工艺是最优的,强振迫使颗粒移位嵌挤，弱振迫使不稳定的颗粒移动到更稳定的位置上，使其排列结构更加趋于稳定，最终达到较高的压实度。但碾压施工还必须考虑表面的平整度，由于二灰土的内聚力和黏结力较弱，首先强振会造成二灰土面层松散，导致后面的碾压发生黏轮、起皮等现象。上述现场试验和各合同段的工程经验表明，压实度在85%左右开始弱振碾压，压实度大于90%开始强振碾压，二灰土表面平整度较好。根据振动压实共振理论，振动频率与被压实材料的自身频率一致时，容易产生共振，压实速度最快，而二灰稳定土自身频率随压实度的提高逐渐增大，具体施工时应根据二灰稳定土的土质，通过碾压工艺组合试验来确定弱振、强振的工序以及适宜的频率和振幅。

综上所述，二灰土开始的稳压遍数宜控制在1～2遍，稳压遍数过多会造成之后的弱振没有明显的作用。粉粒含量高是黄泛区土质的主要特点，粉煤灰的掺入更增加了粉粒的含量。因此，二灰稳定黄河河冲淤积土质对振幅和高频率是敏感的。没有强振，压实度不能有效提高。振动压路机配以胶轮静压是较优的碾压机械组合，静压—高频强振—弱振—静压的碾压工艺理应是最优的。为了兼顾灰土表面的平整度，建议采用静压—单向弱振—高频单向强振—单向弱振—静压的变频碾压工艺。具体施工时应根据二灰土的级配，通过碾压工艺组合试验来确定弱振、强振的工序以及适宜的频率、振幅。对黄泛区二灰粉性土与二灰粉质黏土的最优碾压含水率，宜控制在超过最佳含水率2%～3%的范围；对二灰黏土控制在超过最佳含水率1%～2%的范围。消除二灰粉性土碾压过程中表层起皮的方法，一是控制表面含水率不超过最佳含水率的3%，也可在二灰土上覆盖湿的土工布，起到保水、分担压路机的表面剪应力作用；二是采用推土机进行稳压，振动压路机前进时采用单向振动的碾压方式，利用胶轮压路机静压封面，压实后洒少量水；三是检测压实度合格后尽快用保湿棉覆盖洒水养生，避免二灰土底基层长时间暴露。

第四章 黄泛区公路地基与路基处治技术

过大的路基工后沉降是黄泛区公路突出问题之一。路基的沉降不仅影响路基的施工过程和路面结构施工的时机,而且导致黄泛区公路普遍地产生桥头跳车现象。黄泛区公路地基土层厚,呈层状分布,除个别地区偶有层厚较小的粉土质砂土外,以低液限粉土为主,其次为低液限黏土,局部夹有高液限黏土层,均为新近冲(淤)积土,土体欠固结,具中—高等压缩性,地基沉降量大。计算表明,路基高度由 2m 增加至 20m,地基沉降量占总沉降的比例在 78% ~96% 之间(图 4-1),因此,地基沉降是导致路基过大沉降的主要原因。

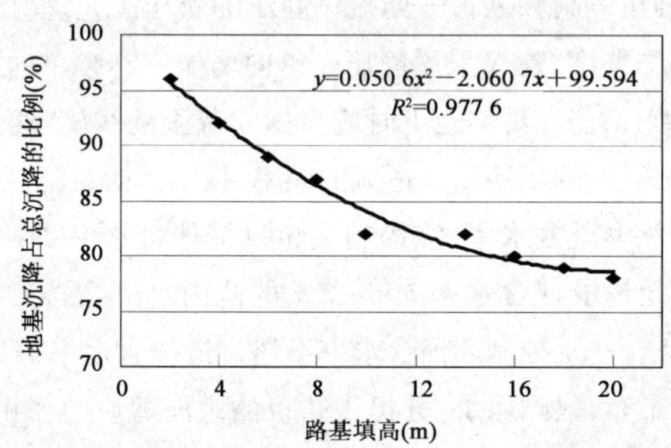

图 4-1 地基沉降占路基总沉降的比例

黄泛区普遍地下水位较高,埋深一般在 1.0 ~3.0m 之间,加之毛细作用强烈,在地下水位较高的路段,地基压实、处治十分困难,合理的工程技术和施工工艺是地基处治的关键。

不同高度的路基工后沉降量大小不同,不同部位的路基对工后沉降的要求也不相同(见表 4-1)。分析并掌握地基的沉降规律,选择合理的地基压实、加固工程技术和施工工艺,加强对公路地基的加固处置,并合理安排公路路基、路面的施工进度，对于解决黄泛区公路不均匀沉降，防止桥头跳车，甚至路基失稳十分重要。

容许工后沉降　　表 4-1

工程位置 / 道路等级	桥台与路堤相邻处	涵洞、通道处	一般路段
高速公路、一级公路	≤0.10m	≤0.20m	≤0.30m
二级公路	≤0.20m	≤0.30m	≤0.50m

第一节　黄泛区公路地基的沉降规律

一、黄泛区公路地基不同阶段地基沉降规律

以高速公路为例，采用 FLAC-3D 有限差分程序，考虑流—固耦合作用，计算并分析黄泛区公路地基的沉降变形规律。

1. 不同路基高度下地基完成固结所需的时间

图 4-2 为地基总沉降量—固结时间关系，图 4-3 为不同高度路基条件下地基达到稳定所需的时间，图 4-4 为施工期路基填土加载过程中，地基的沉降变形（S_1）与路基高度（H）间的关系。图 4-5 为路基施工结束之后，地基的沉降变形（S_2）与路基高度（H）间的关系。

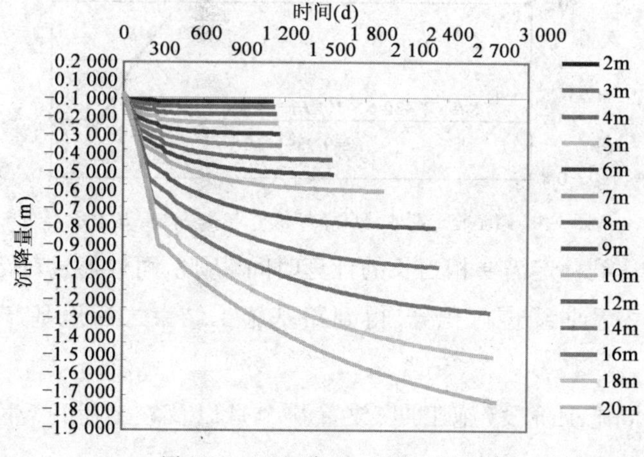

图 4-2　地基沉降量—固结时间关系

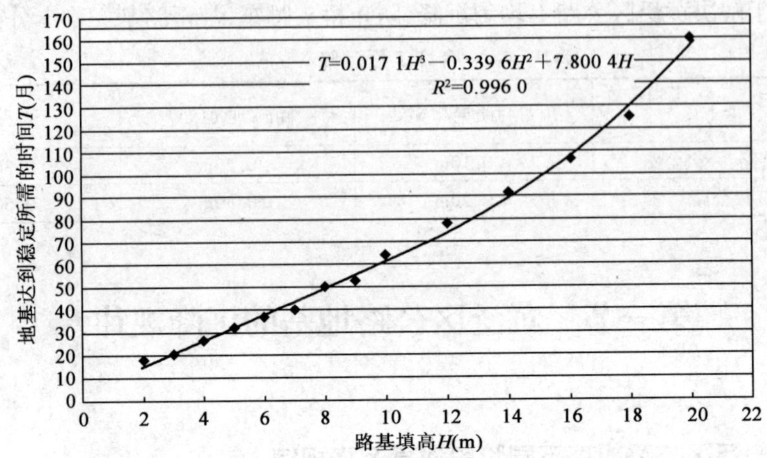

图 4-3　不同高度路基条件下地基达到稳定所需的时间

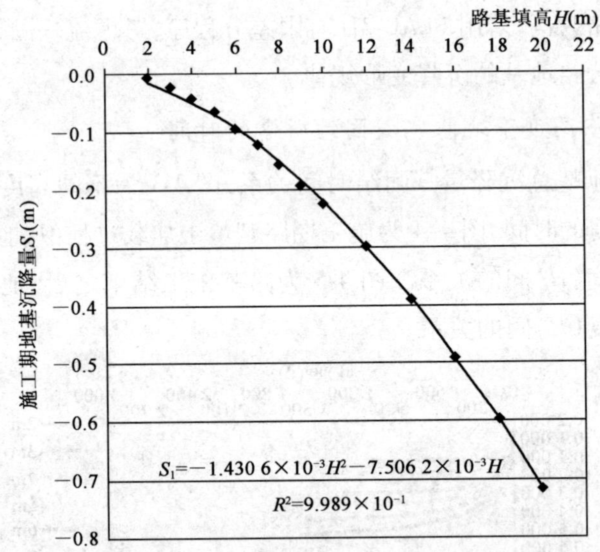

图 4-4　路基施工期地基沉降变形 S_1 与路基高度 H 关系

由于地基达到稳定需要相当长的计算时间，因此，可以通过对路基施工后地基沉降—时间关系曲线进行积分，得到路基施工结束之后地基产生的沉降变形量。

地基在不同施工阶段（施工期、放置 6 个月以及竣工后）产生的沉降量见图 4-6、图 4-7。

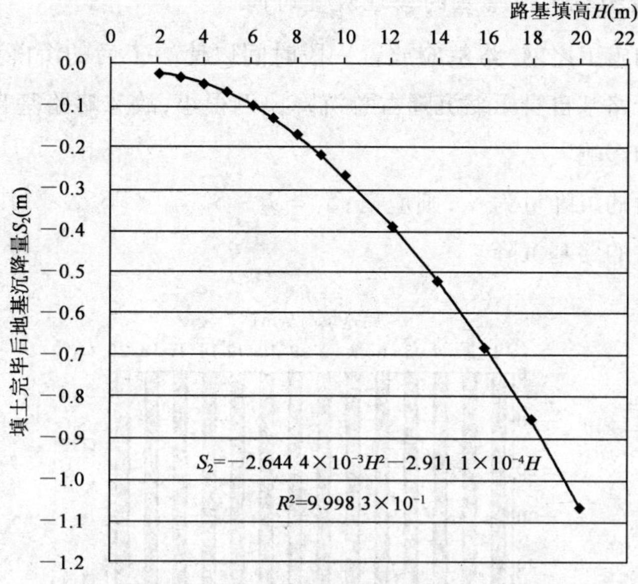

图 4-5　路基施工完成后地基沉降量 S_2 与路基高度 H 关系

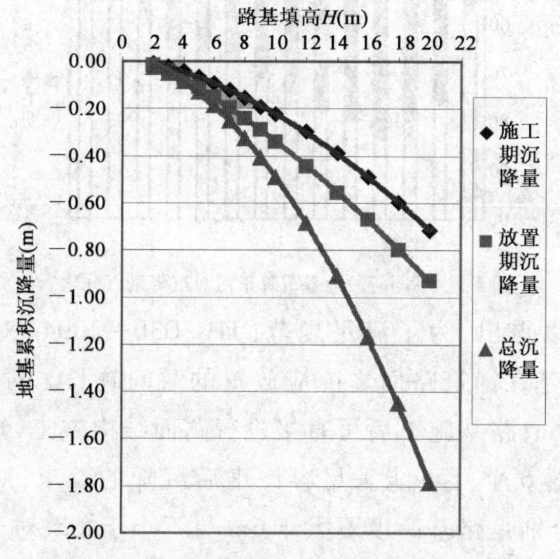

图 4-6　不同阶段地基沉降量与路基高度 H 关系

由图 4-6、图 4-7 可见，不同高度的路基，填筑完成后同样放置 6 个月的时间，在放置期产生的沉降量大小不同，所占总沉降量的比例不同，在路面竣工后的沉降量大小也不相同。因此，不同高度路基的放置时间应该予以区别对待。

2. 路面结构施工前路基的合理放置时间

路面结构施工之前，路基应放置一段时间以使竣工后的沉降量符合表 4-1 的要求。由于路基自身压缩沉降占总沉降比例很小，故忽略路基自身压缩沉降对放置时间的影响。

记竣工后的沉降量为 S_3，则应有：$S_3 = S_2 - S_{放置期} < [S_{3容许}]$，其中 $S_{3容许}$ 为容许路面竣工后的路基沉降。

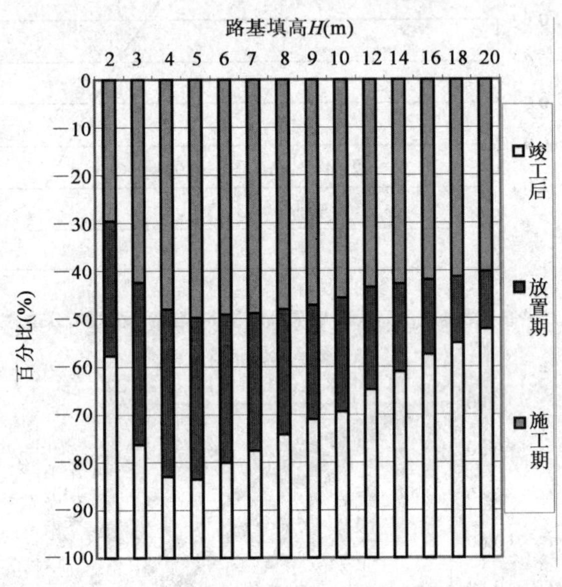

图 4-7　不同阶段地基沉降量占总沉降量百分比

由表 4-2 可以得出，为了满足规范（JTG D30—2004）对工后沉降的要求，路基越高，路基在铺筑路面之前应放置的时间越长。对一般路段，当路基高度不大于 10m，路基施工后可直接进行路面结构施工，当路基高度不大于 12m 时，仅放置 6 个月不能满足容许工后沉降的要求；对桥台与台背填土，这两个界限分别是路基高度不大于 6m 与不小于 8m；对于涵洞、通道，分别是路基高度不大于 8m 与不小于 10m。但由于黄泛区地基早期沉降固结速率快，道路施工完成后，在结构物与路基结合部不均匀沉降往往快速形成，导致桥头跳车。为避免此现象发生，路基填筑完成后合理的放置期还是必要的。

路基最短放置时间　　表 4-2

路基高度(m)	容许工后沉降(JTG D30—2004)								
	桥台与路堤相邻处 <0.1m			涵洞、通道处 <0.2m			一般路段 <0.3m		
	放置时间(月)	放置期间沉降量(cm)	竣工后沉降量 S_3(cm)	放置时间(月)	放置期间沉降量(cm)	竣工后沉降量 S_3(cm)	放置时间(月)	放置期间沉降量(cm)	竣工后沉降量 S_3(cm)
2	0	0.000 0	-1.949 2	0	0.000 0	-1.949 2	0	0.000 0	-1.949 2
3	0	0.000 0	-3.051 9	0	0.000 0	-3.051 9	0	0.000 0	-3.051 9
4	0	0.000 0	-4.557 7	0	0.000 0	-4.557 7	0	0.000 0	-4.557 7
5	0	0.000 0	-6.624 2	0	0.000 0	-6.624 2	0	0.000 0	-6.624 2
6	0	0.000 0	-9.637 9	0	0.000 0	-9.637 9	0	0.000 0	-9.637 9
7	3	-3.276 9	-9.667 1	0	0.000 0	-12.944	0	0.000 0	-12.944
8	7	-7.469 1	-9.511 1	0	0.000 0	-16.980	0	0.000 0	-16.980
9	11	-11.987	-9.613 9	2	-2.826 2	-18.774	0	0.000 0	-21.600
10	16	-16.984	-9.629 0	5	-6.942 4	-19.671	0	0.000 0	-26.613
12	27	-28.968	-9.859 5	14	-19.246	-19.582	6	-9.652 1	-29.176
14	41	-42.568	-9.612 0	25	-32.709	-19.470	15	-22.846	-29.333
16	56	-58.171	-9.902 5	38	-48.400	-19.674	26	-38.281	-29.793
18	73	-75.532	-9.855 6	53	-65.625	-19.763	40	-56.081	-29.307
20	99	-97.310	-9.735 2	75	-87.503	-19.543	58	-77.062	-29.983

图 4-8 是青—银高速公路(齐河—夏津段)试验路段路基施工期的地基沉降观测结果。计算结果和实测结果的比较见图 4-9。

图 4-9 显示,施工期地基沉降理论计算值与现场实测值两条曲线的趋势一致,反映出相似的规律性。理论计算值大于实测值约 2～4cm。对于 6～8m 高度的路基,计算值与实测值相差 13%～20%;对于小于 5m 高度的路基,两者相差 20%～25%。产生这种差别的主要原因与模型参数的选取有关。

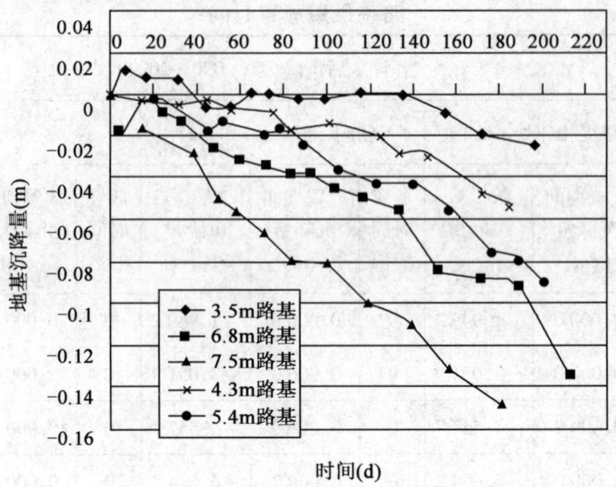

图 4-8　各观测断面在施工期的地基沉降过程线

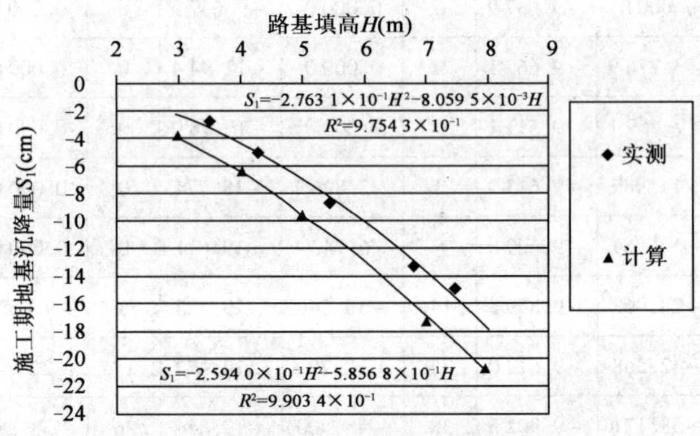

图 4-9　施工期地基沉降量与计算值的对比

二、黄泛区公路地基压实度和处治深度对地基工后沉降的影响规律

采用三轴压缩试验测得不同压实度下粉土的力学参数，利用弹塑性力学模型，通过有限差分的计算，分析地基不同压实度和处治深度对地基工后沉降的影响规律。

模型参数见表 4-3、表 4-4。由于常规的地基压实，有效压实深度一般小于 30cm。因此，分别计算地基表层 30cm 深度范围采用 85%、90%、93% 压实度的地基深降量；以及保持地基的压实度为 90%，将地基的压实深度增加至 60cm、200cm 时地基的沉降量，以分析不同压实度标准和不同压实深度对地基工后沉降的影响规律。路基高度分别取 2m、3m、4m、5m、6m、7m、8m、9m、10m、12m、14m、16m、18m、20m。

路面结构计算参数　　表 4-3

结　构	材料	厚度(cm)	模量(MPa)	泊松比	密度(kg/m^3)	均布载荷(Pa)
面层	沥青混凝土	18	1 200	0.25	2 500	13 230
基层	水泥稳定碎石	32	1 500	0.30	2 190	
	石灰土	30	600	0.35	1 980	

粉土不同压实度下的模型参数　　表 4-4

压实度(%)	c(kPa)	φ	ρ(kg/m^3)	k	n
85	13.0	30.52°	1 700	56	0.83
90	29.0	33.00°	1 800	192	0.90
93	40.0	34.90°	1 860	352	0.79
94	45.5	35.10°	1 879	438	0.71
95	50.5	35.50°	1 899	577	0.63
96	62.9	35.90°	1 919	714	0.55
97	81.5	36.60	1 939	883	0.46
98	85.0	37.00	1 959	1 045	0.27

1. 不同压实度下地基的工后沉降规律

地基表层 30cm 深度范围压实度的提高对地基工后沉降的影响规律见图 4-10、图 4-11。

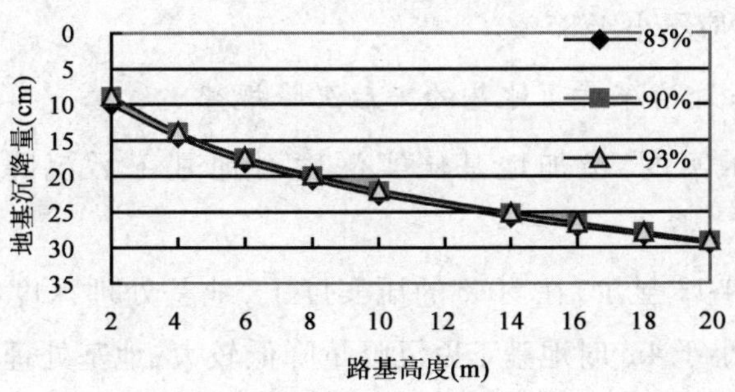

图 4-10　地基在不同压实度下的工后沉降量

由图 4-10、图 4-11 显示，当路基高度小于 6m 时，地基压实度由 85% 提高到 90%，对地基工后沉降的降低具有明显作用；当路基高度大于 6m 时，影响不明

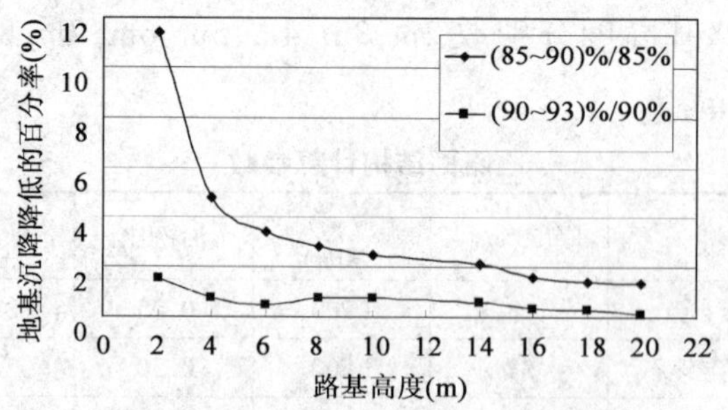

图 4-11 不同压实度下地基工后沉降量降低率

显;无论路基高低,压实度由 90% 提高到 93%,对地基工后沉降的影响均不明显。因此,对高度大于 6m 的高填方路基,提高地基压实度的并不能明显降低地基的工后沉降;对高度小于 6m 的低填方路基,地基压实度由 90% 提高到 93%,也不能有效地降低地基的工后沉降量。对高度小于 6m 的路基,保证 90% 的压实度对减少路基的工后沉降变形十分重要。特别是对高度小于 2m 的路基,在重载交通条件下,路基的工作区深度已经达到公路地基,充分压实的地基将起到应力扩散与均匀支撑的作用,提高地基表层的压实度是提高路基的支撑能力、有效控制矮路基变形较经济有效的措施。

由于地基的压实度对不同高度的路基的变形与稳定性的影响不同,对不同的路基高度,地基表层的压实度应提出不同的标准。建议当路基高度不大于 2m 时,地基表层深度范围 30cm 范围深度压实度应不小于 93%;路基高度 2 ~ 6m,地基表层 30cm 深度范围压实度应不小于 90%;路基高度 >6m,地基表层 30cm 深度范围压实度应不小于 85%。

2. 不同地基处治深度下地基的工后沉降规律

保持 90% 压实度,增加地基压实深度对地基工后沉降的影响规律见图 4-12、图 4-13。

图 4-12、图 4-13 显示,在 90% 的压实度下,地基处理深度由 30cm 增加到 60cm,路基高度小于 4m 时地基工后沉降量降低较大;地基处理深度由 60cm 增加到 2m,路基高度小于 10m 时地基工后沉降量降低较大。

图 4-14 显示了增加地基表层 30cm 压实度与加大地基压实深度对地基工后沉降影响的对比情况。

图4-14说明,保持90%的压实度,将地基的压实深度由30cm增加到60cm,对于降低地基工后沉降的效果,比将表层30cm深度范围的压实度由90%提高到93%的效果更明显。对于填高小于6m的路基,情况更是如此。前者沉降差的降低值是后者的2.0~3.1倍。当路基高度小于16m,将地基的处理深度由60cm提高到200cm,与将表层压实度由90%提高到93%相比,地基工后沉降可以降低4~16倍。

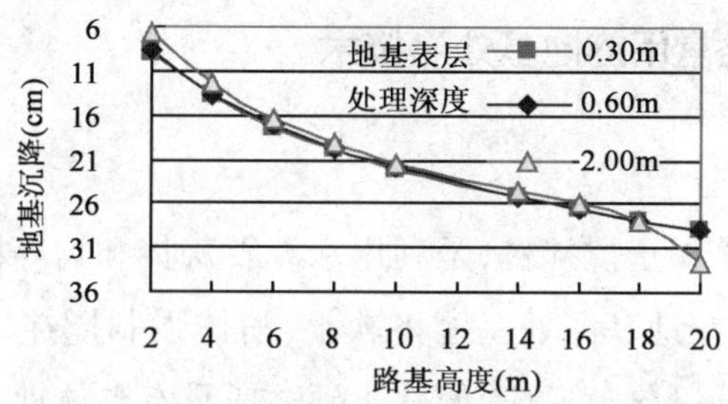

图4-12 地基在不同压实深度下的工后沉降量

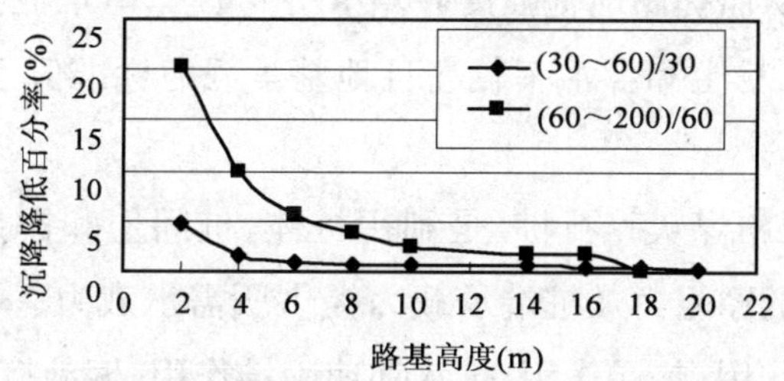

图4-13 不同地基压实深度下地基工后沉降降低率

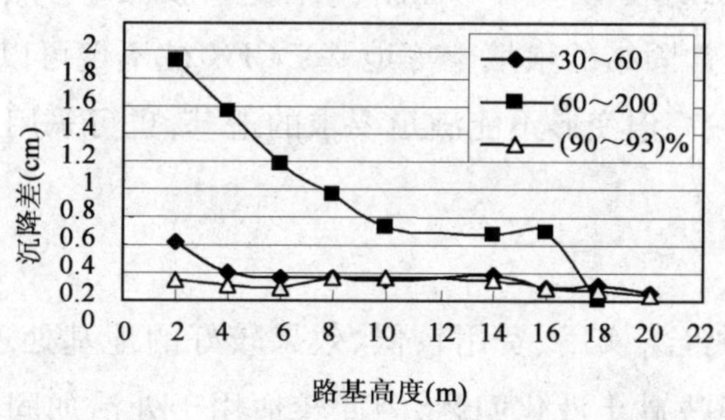

图4-14 不同地基处置方案时地基沉降差

考虑黄泛区地基提高压实度的困难性,采取适宜的施工设备和工艺,加大地基的处理深度,是降低黄泛区公路地基沉降量的理想工程措施。当路基高小于

16m 时，强夯对降低地基工后沉降效果明显；当路基高度小于 4m 时，也可采用冲击碾压实地基。

第二节　黄泛区公路地基和路床区的处治技术

一、黄泛区公路常用的地基处治技术

1. 粉喷桩和 CFG 桩

粉喷桩又称为水泥土搅拌桩，是利用水泥石灰拌和物等材料作为固化剂，通过特制的搅拌机械，在地基深处就地将软土、粉体强制搅拌，由固化剂和软土间所产生的一系列物理—化学反应，使软土硬结成具有整体性、水稳定性和一定强度的水泥加固土，从而提高地基强度并增大变形模量。水泥土搅拌法适用于加固淤泥、淤泥质土、粉土和含水率较高且地基承载力标准值不大于 120kPa 的黏性土等。

CFG 桩即水泥粉煤灰碎石桩，是利用桩体、桩间土和褥垫层一起形成复合地基，利用全桩长的摩阻力及桩端承载力提供所需承载力。CFG 桩具有多种作用机理，诸如状体作用、垫层作用、排水加速固结作用、振动挤密作用等。该技术具有施工速度快、工期短、质量容易控制、工程造价较低等特点，适用于处理黏性土、粉土、砂土和正常固结的素填土等地基。CFG 桩不仅可以用于承载力较低的土况，对承载力较高但变形不能满足要求的地基，也可采用 CFG 桩来减少地基变形。

2. 强夯

强夯法是一种经济实用、费用较低、效果较好的地基处理技术，对于粉沙土地区还可用于解决砂土液化问题，因此较适用于处治加固层厚度在 10m 范围内的路段，缺点是对周边的振动影响较大，因此周边 150m 范围内有居民区或构筑物的地区不宜采用。本方案适用于地质条件较差、填土高于 5m 的路段。

3. 堆载预压

堆载预压法是一种经济实用、费用低廉、效果较好的地基处理技术，缺点是需要一定的预压期，适用于大面积、工期长的工程。根据预压荷载不同，分为等载预压和超载预压。

4. 冲击碾压

冲击碾压是利用冲击压实机的振冲作用压实土体的一种施工技术，压实机械利用“三边形”或“五边形”的轮子高速滚动产生集中冲击能量，达到压实土石填料的目的，它对土的含水率要求宽，适合于砂质黏土、重黏土、湿陷性黄土和石质路堤等。

5. 井点降水或塑料排水板降水

井点降水、塑料排水板降水是黄泛区常用的排水固结技术，可加速土体固结。由于黄泛区地下水位高，在强夯、堆载预压、冲击碾压加固黏性土地基时，可采用井点降水或塑料排水板降水等降水技术，加速地基的固结沉降，以缩短工期。

二、黄泛区高速公路地基处治案例

1. 滨德高速公路地基处治技术

滨德高速公路是国家重点公路东营至香港（口岸）滨州至衡水支线的重要路段，途经滨州、德州两市，是山东省连接环渤海湾经济开发区尤其是胶东半岛北部沿海港口的高速通道。其东起滨州市，与国家高速公路长春至深圳公路和荣成至乌海公路相连，西至德州，与已建的德州至衡水高速公路相连，全长143.8km，全线采用双向四车道高速公路标准建设。其中，起点至德州北互通约134km，设计时速120km/h，路基宽度28m；德州北互通至终点约10km，设计时速100km/h，路基宽度26m。路线所经区域为典型黄泛平原区。

1）地基处治技术方案

根据地基的工程地质、水文地质资料，在全线取455个典型计算路段，采用分层总和法自编程序，计算不同路基高度条件下地基沉降量。根据计算沉降量和工期要求，对一般路段和桥头段分别提出两种地基加固处治方案，见表4-5～表4-8。

桥头处治方案1 表4-5

序　号	总沉降量（cm）	处 置 方 案
1	<10	冲击碾压
2	10～30	强夯＋预压（＋降水）
3	30～50	粉喷桩8m＋预压（＋降水）
4	50～80	粉喷桩12m＋预压（＋降水）
5	>80	粉喷桩12m（加大置换率）＋预压（＋降水）

桥头处治方案2 表4-6

序　号	总沉降量（cm）	处 置 方 案
1	<20	冲击碾压
2	20～40	强夯＋预压（＋降水）
3	40～50	强夯＋超载预压（超载20%）（＋降水）
4	50～80	8m粉喷桩＋预压（＋降水）
5	>80	12m粉喷桩（加大置换率）＋预压（＋降水）

一般路段处治方案1 表4-7

序　号	总沉降量（cm）	处 置 方 案
1	<30	预压
2	30～50	预压＋井点降水
3	>50	8m粉喷桩＋预压＋井点降水

一般路段处治方案2 表4-8

序　号	总沉降量（cm）	处 置 方 案
1	<20	冲击碾压
2	20～30	冲击碾压地基＋等载预压4个月
3	30～40	碾压地基＋等载预压5个月
4	40～50	冲击碾压地基＋等载预压6个月
5	50～80	强夯＋等载预压6个月（＋降水）
6	>80	8m粉喷桩＋超载预压8个月（超载20%）（＋降水）

方案中未作特殊说明的，堆载预压期为6个月，超载预压期8个月。

对桥梁方案2，堆载预压前、后地基沉降量对比见图4-15、图4-16。

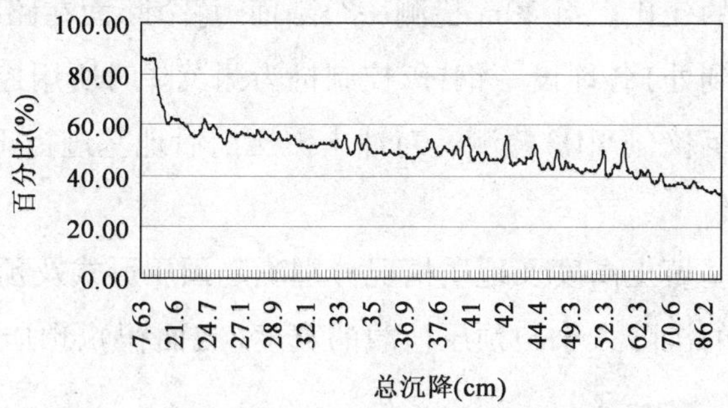

图4-15　A1合同段预压减小沉降百分比与总沉降关系

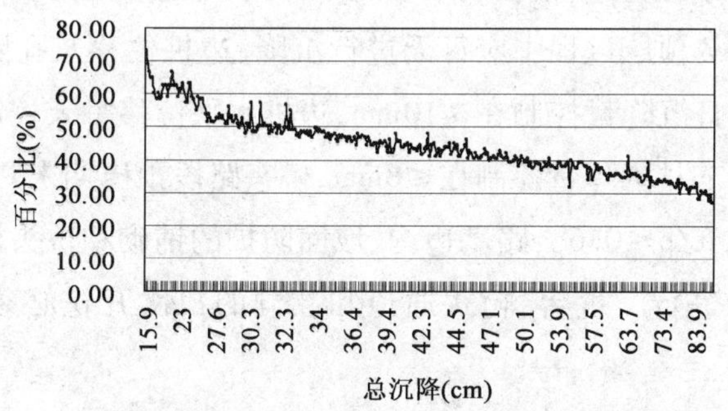

图4-16　B1合同段预压减小沉降百分比与总沉降关系

当土体含水率高，强夯易导致土体液化；沉降量大的路段，单纯堆载预压、粉喷桩不能满足要求的，需加速土体固结，应采取井点降水措施。地下水位埋深小于3.5m时，井点降水至3.5m以下。

2）技术要求

（1）兰派冲击碾压

25kJ兰派冲击压实机用于原位碾压和层厚1m以下填料碾压以及碾压质量的检验。15kJ压实机用于层厚50～75cm的填料碾压，由于是五边形轮子，可比三边形25kJ压实机用较少遍数即获得所需密实度。压路机以每小时9～12km的速度碾压作业，即冲击碾每秒钟冲击地面两次。

质量检测要求如下：

①压实度。每20m检测一个断面，分别对两次不同的碾压遍数进行检测。

②沉降量。每20m检测一个断面,在进行沉降量测定时先进行基底标高测量,之后在相同点位进行每一轮碾压后的高程测量,用两高程之差算出平均沉降量。

③横向位移的变化。每20m检测一个断面,每个断面在路基左、右两侧(冲击压实机冲击不到处)各埋设一钢钎,控制桩为测沉降时所用控制桩。

④落锤式弯沉仪(FWD)检测。对冲击碾压前后地基进行FWD测定。

(2)堆载预压

全线根据路基填土高度及地质情况分别确定预压形式及预压时间。堆载预压期间所能完成的沉降大小与预压荷载的宽度(或面积)、预压荷载的大小以及预压时间有关。

堆载预压施工时,应严格控制堆载速率,防止地基发生剪切破坏或产生过大塑性变形。在堆载预压过程中应每天进行沉降、边桩位移及孔隙水压力等项目的观测。施工期日沉降量控制在≤10mm,边桩水平位移每天控制在≤4~7mm,一般路段预压期末月沉降量控制在≤8mm,桥头路段预压期末月沉降量≤4mm,孔隙水压力系数μ/p≤0.6。路基边沟、坡面防护的铺砌和桥头搭板枕梁的浇筑不得在预压期内进行。桥台、箱式通道和涵洞的二次开挖必须在预压期满后进行。

为了及时掌握施工动态,保障施工安全,必须做好堆载预压施工过程中沉降、水平位移观测,并根据实际情况及时变更堆载预压方案。对预压工后沉降量较大的路段,建议适当延长预压期,以现场实测沉降量控制为准。

(3)强夯

强夯夯点采用梅花形布置,夯点间距为锤底直径的2倍,第一遍点夯和第二边点夯的夯点错开,满夯夯迹彼此重叠搭接1/4夯锤直径。考虑有效加固深度的要求,采用100kN圆形铸铁锤,点夯夯击能为1 500kN·m,满夯夯击能为800kN·m。

根据试夯确定具体工艺参数和止夯条件。其中止夯条件由连续两击夯沉量、单点夯击数、夯坑深度等综合确定。两遍点夯之间的间隔时间根据试夯情况确定。

强夯完成后,应进行场地整平,表层进行碾压,以达到压实度要求。强夯施工过程中应进行以下监测:夯坑沉降(必作);地表水平位移(选作);孔隙水压力(必作);地下水位(可结合井点降水完成);标贯试验(选作)。

如果是采用轻型井点降水技术,井点间距采用2~8m,井点降水管埋深不小于6m,伸入下卧软土层内。当地下水位降到设计深度时开始第一遍夯击,夯击时沿横管方向边拔井点管边强夯。井点降水过程中必须做好降水量和降水时间监测。如果降水达不到要求,可根据实际情况加密井点或采用其他降水方法。

强夯处理后,场区地基的有效加固深度应不小于4m。深度在1.0~2.0m处,地基承载力标准值$f_k \geqslant 150$kPa;深度在2.0~4.0m处,$f_k \geqslant 120$kPa。

对强夯工后沉降量较大的路段,建议改善强夯工艺,其中技术参数由现场试验确定。

(4)粉喷桩

全面施工前应进行工艺性试桩,以确定粉喷桩施工设备的成桩工艺参数及各项技术参数,水泥的初终凝时间、水泥土强度的增长规律、水泥的掺入量、水灰比和最佳的外掺剂等工艺参数,并根据设计要求通过成桩试验确定每台机组各自的钻进速度、提升速度、拌和速度、单位时间喷浆量、桩长、成桩时间、复搅遍数等,为全面施工提供依据。

成桩时,粉喷桩机就位后,以0.5~1m/min钻速至设计要求深度后,将钻头以1m/min的速度边拌和边提升。桩体喷粉不得中断,喷粉压力控制在0.5~0.8MPa,单位喷粉量按设计要求确定。

复搅的作用在于通过充分的搅拌使粉体与黏土及水得到比较完全的接触和作用,促使桩体的充分形成。同时,钻头喷出的粉体一般呈脉冲状,若不充分进行搅拌,粉体在桩中往往呈层状,形成一层“夹生”,对桩体强度不利。作为路基加固只承受垂直向力作用,可以只复搅上部1/3的桩体。

为了提高工效,粉喷钻机下钻时可以提高转速。但是当反转提升喷粉搅拌时切莫快速旋转和提升,否则将会严重影响搅拌的均匀性和粉量的掺入。

建议采用轻型井点降水,设置为封闭长方形,横路向设两排井点,顺路向设置三排井点,同时每排的井点间距不大于2m,井点降水管埋深不小于6m。如果降水达不到要求,可根据实际情况加密井点或采用其他降水方法。检测内容包括桩头开挖、无损检测、取芯试验。

3)地基处治现场试验

为了总结黄泛区公路地基处治技术经验,结合滨德高速公路沿线水文、土质和地质情况,根据路基高度、所处部位和工后地基沉降要求,分别进行了地基强夯、强夯置换、冲击碾压、低能满拍、灰土处治、渣土垫层等地基处置试验,并将有关经验在全线推广。

(1)地基强夯

对填土高于5m的路段采用强夯方案。地下水位若高于3.5m可采用相应的降水措施。根据相关地质资料,重点在二、四、九合同段进行了强夯试验,埋设了孔隙水压力计监测超孔隙水压力消散情况。其余各合同段按照相应的间歇时间也进行了强夯试验。图4-17所示为地基强夯现场。

图4-17　地基强夯施工现场

夯点采用正方形布置,点夯夯点间距为6m×6m,第一遍点夯和第二遍点夯的夯点错开,满夯夯迹彼此重叠搭接1/4夯锤直径。考虑有效加固深度的要求,采用100kN圆形铸铁锤,点夯夯击能1 500kN·m,满夯夯击能800kN·m。地下水位较高的路段采用轻型井点降水,设置为封闭长方形,横路向设两排井点,顺路向设置三排井点,同时每排井点间距不大于2m,井点降水管埋深不小于6m,保证强夯处理范围内地下水位均低于3.5m。

一般情况下,施工单位应达到合同文件规定的夯击次数要求。特殊情况下,应保证单点夯击次数不小于8击并满足下列条件之一:同一夯位最后两击的平均夯沉量小于 8cm;夯坑沉降量大于 1.5m。

根据孔隙水压力消散情况,规定两遍点夯之间的间隔时间不少于 2d,满夯之间的间歇时间不小于 3d。

(2)地基强夯置换

由于个别路段地基湿软,黏粒含量高,或存在厚度不一的黏土夹层,地基强夯后出现弹簧、翻浆等现象,加之雨季临近,工期紧张,将相关地段强夯处置方案改为强夯置换,并在三合同段 K27 +412.5 ~ K27 +452.5 段进行强夯置换试验,检测处置的夯沉量、地基承载力,并对相应的处理效果进行评价。一、二、四、九合同段也分别进行了相应的试验。

夯击点按正方形布置,第二遍的夯点在第一遍夯点正方形的中间,夯点间距为 6m。点夯夯击能采用 1 500kN · m,满夯夯击能采用 800kN · m。夯坑置换深度要求大于 1.5m,填筑材料为建筑砖渣(图 4-18)。止夯条件为,点夯时夯坑沉降量大于 1.5m 或同一夯位最后两击的平均夯沉量小于 5cm。

从各合同段的试验情况来看,强夯置换效果明显(图 4-19),不仅有效缩短了施工工期,地基承载力也达到甚至超过了设计要求。

a)

b)

图 4-18　填料夯击前、后的夯坑

(3)地基冲击碾压

根据设计要求,除个别路段采用粉喷桩、强夯、强夯置换、堆载预压、60cm 灰土处治、填筑 40cm 建筑垃圾后低能满拍等技术措施外,对全线地基采用冲击碾压处理。

在七合同段 K74 + 872 ~ K75 + 032 段，采用 YCT25 冲击压路机进行地基冲击碾压试验。场地处理长度为 160m，宽度为 40m，路基填高为 3.8 ~ 4.3m，地基土质为低液限黏土，天然含水率为 22.5%，液限 32.7%，塑限 19.0%，地下水埋深 3.57 米。理论沉降量 27.5cm。碾压过程中控制表层 30cm 深度范围地基土的含水率在 $w_{opt}-4\% \sim w_{opt}+2\%$ 范围之内。冲击碾压 20 遍，碾压 10 遍后，间歇 1d 继续碾压至 20 遍。冲击压路机速度控制在 10 ~ 12km/h 之间。碾压 20 遍后，平均压沉量为 12.9cm，最后两遍压沉量为 0.9cm。压实度检测结果见表 4-9、图 4-21、图 4-22。由结果可见，20 遍后达到了较好的压实效果。

图 4-19　场地处理完的效果图

图 4-20　滨德高速现场地基冲击碾压试验

冲击碾压遍数与压实度　　表 4-9

碾压次数		碾压 5 遍	碾压 10 遍	碾压 12 遍	碾压 14 遍	碾压 16 遍	碾压 18 遍	碾压 20 遍
压实度	原地表高程(m)	80.9						
	0cm ~ 20cm	84	88.8	91.9	92.2	92.6	92.7	93.2
	20cm ~ 40cm	81.5	85.1	85.1	84.6	84.8	85.2	84.8
	40cm ~ 60cm	79.4	81.1	81.8	82.3	82.7	83.1	82.9

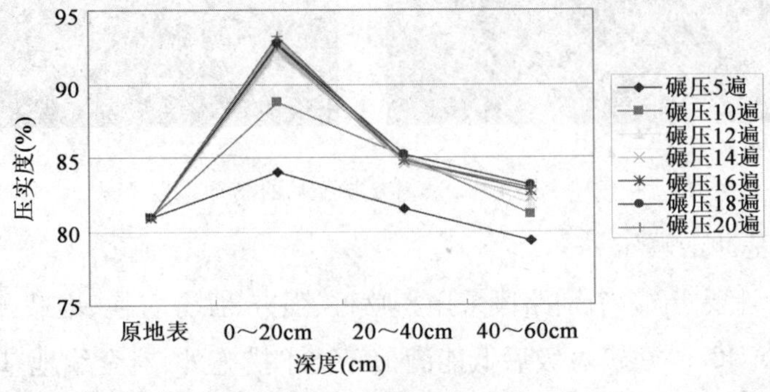

图 4-21　地基不同深度的压实度

七合同段 K74 + 712 ~ K74 + 872 段按照修改的施工标准进行了冲击碾压试验，碾压 20 遍后平均压沉量为 10.9cm，地基表层 20cm 内压实度达到 90% 以上，满足施工设计要求。

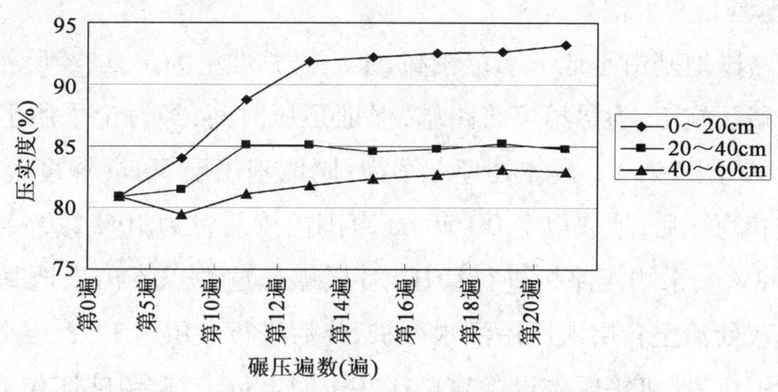

图 4-22　不同碾压遍数时的压实度

(4)地基低能满夯

九合同段 K99 + 150 ~ K100 + 400 段地势低洼，地下水位在 1m 左右，土质以亚砂土、亚黏土夹粉细砂为主，层间夹杂黏土层，降水困难，无法按照原设计方案进行施工，经研究采用低能满夯处理(图 4-23)。

图 4-23　K99 + 150 ~ K100 + 400 地势低洼段地基低能满夯

首先在过湿段铺填 40cm 厚建筑垃圾，然后采用履带吊夯机边退边打对填筑料进行满夯。采用夯击能量 600kN · m，满夯 2 遍，每遍 1 击，满夯锤印叠加四分之一夯锤直径。以不出现翻浆现象为原则。

在第一遍满夯过程中大部分夯坑下沉量均匀，无弹簧、翻浆现象，夯坑深度在10cm左右,挤密效果明显。完成第一遍满夯后,用推土机推平场地,间歇48h后,继续开始第二遍满夯。完成第二遍满夯后,推土机整平,采用35t振动压路机碾压。碾压后地基平均沉降值约20cm,加固效果明显。

(5)地基石灰处治

个别路段地基由于地下水位较高,土质以黏性土为主,虽经反复试验仍无法进行冲击碾压施工,为尽早填筑路基,保证预压时间,经讨论采用了地基表层石灰处治方案(图4-24)。具体处理方案为:原地基表层20cm深度范围采用10%石灰土拌和稳压后,地表以上0~20cm范围内掺灰量为10%,20~40cm范围内掺灰量为8%。,采用压路机进行稳压,各层碾压遍数以不出现地基弹簧现象为原则。石灰处治土各层碾压后洒水养护5d后进行上层施工,上层土方施工过程中禁止推土机、挖机等履带设备直接在灰土面上行走,避免破坏灰土层的表面。

图4-24 地基灰土处置

在九合同段K98+000~K99+100段进行了地基石灰处治试验。此段地下水位在1.5m左右,地基含水率高。通过掺灰处理,地表压实度达到了93%以上。

2. 其他案例

(1)滨州黄河大桥的桥头地基处治

滨州黄河大桥台背地基为典型黄河冲(淤)积土层,土质厚,地下水位较高。填土高度达10m以上,土质为黄河冲(淤)积土。选取两个典型试验段,填土高度分别为13.4m、17m,地基采用了粉喷桩加固处理,并进行井点降水,路基堆载预压。水泥粉喷桩长 16m ，桩径 50cm，间距 110cm，正三角形布置。

粉喷桩可以有效地控制加固区的沉降变形，但是不能有效的控制没有持力层的下卧层的沉降。因此要有效地控制软土地基的沉降变形，粉喷桩必须穿过软土层坐落在持力层上，但工程段持力层太深，不可能将粉喷桩坐落在持力层上。因此路基间距每 60cm 设置土工格栅，与粉喷桩共同作用，调整桩土分担的荷载，提高桩土应力比，有效地发挥粉喷桩的作用，并增加边坡的稳定性，有利路堤填土的压实。经 8 年运营，该试验段未发生桥头跳车现象。

(2)220 国道的地基加固

220 国道济南段 K105 +030 ~ K118 +250 段老路两侧长期备土且未经压实，备土高出老路面 80 ~ 120cm 不等，下部地基土层属中—高压缩性土，地下水随降水变化在 1.07 ~ 3.26m 之间。为保证工程质量，减少新老地基的不均匀沉降，增强路基的稳定性，从地基处理可行性、工期要求、工程造价等方面进行了多方案的比较后，采用了强夯—真空降水联合加固处理。

地下降水外围管采用钢管，双排布设，间距为 1.2m，钢管长 6m，直径为 35mm ，设置 1.5m 长、裹有双层尼龙滤网的滤头。内管也采用双排布设，间距为 4m，长 6m，直径 42mm。井管内均采取填砂的方法作为反滤层，以利于抽排水。井管连接采用直径 120mm 的 PVC 管，接头采用泥胶封闭。水泵采用带有平衡装置的 5 台高真空泵。井管插设采用人工水冲法进行。

夯点布置采用正方形布置，点夯锤重为 100kN，锤底直径 2.2m，第一遍点夯间距 4m ×4m，落距 10m，击数 4 击。第二遍点夯夯点位于第一遍夯点的中间，点位间距 4m ×4m，落距 10m，击数 5 击。满夯单击夯击能 500kN · m，每点 2 击，夯迹间 1/4d（夯锤直径）搭接。夯点布置如图 4-25 所示。

通过强夯前后土的物理性质指标如表 4-10。

强夯前后土的物理性质指标　　表 4-10

土层	土样编号	取土深度 (m)	夯前含水率 (%)	夯后含水率 (%)	夯前干密度 (g/cm^3)	夯后干密度 (g/cm^3)	夯前孔隙比 e	夯后孔隙比 e	夯前 E_s (MPa)	夯后 E_s (MPa)
1	K117 +845 9-1	0.3 ~0.5	11	21.9	1.45	1.58	0.855	0.693	15.09	24.18
2	K117 +845 9-2	0.8 ~1.0	18.8	17.7	1.46	1.52	0.848	0.769	12.63	16.08

续上表

土层	土样编号	取土深度(m)	夯前含水率(%)	夯后含水率(%)	夯前干密度(g/cm^3)	夯后干密度(g/cm^3)	夯前孔隙比 e	夯后孔隙比 e	夯前 E_s (MPa)	夯后 E_s (MPa)
3	K117 +845 9-3	1.3 ~ 1.5	22.8	22.4	1.58	1.65	0.709	0.630	7.46	11.64
4	K117 +845 9-4	1.8 ~ 2.0	27.6	24.7	1.43	1.64	0.876	0.644	8.67	11.75
5	K117 +845 9-5	2.3 ~ 2.5	24.6	24	1.56	1.54	0.725	0.753	10.15	9.74
6	K117 +845 9-6	2.8 ~ 3.0	25.5	26	1.52	1.52	0.774	0.775	7.49	7.4
7	K117 +845 9-7	3.3 ~ 3.5	23.6	23.2	1.65	1.62	0.636	0.672	16.41	4.64
8	K117 +845 9-8	3.8 ~ 4.0	25.3	26.3	1.57	1.61	0.718	0.674	9.55	13.95
9	K117 +845 9-9	4.8 ~ 5.0	25.5	22.4	1.57	1.65	0.720	0.636	9.44	6.54
10	K117 +845 9-10	5.8 ~ 6.0	37.6	24.9	1.34	1.55	1.031	0.745	5.00	4.15
11	K117 +845 9-11	6.8 ~ 7.0	34.4	21.4	1.4	1.63	0.951	0.649	4.65	7.50

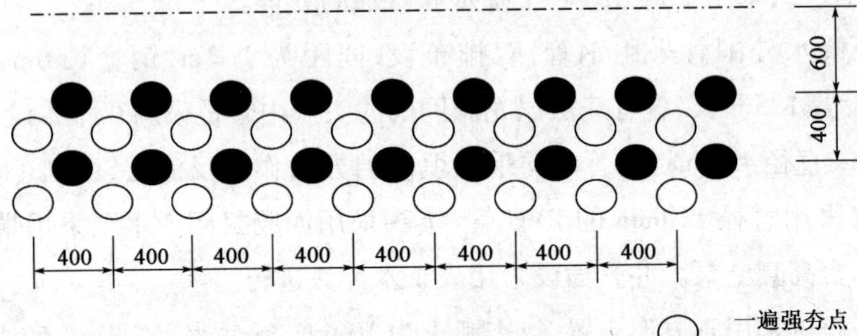

图 4-25　第一遍与第二遍点夯示意图(尺寸单位:cm)

(3)G20 高速公路齐河至夏津段地基处治技术

G20 高速公路齐河至夏津段地层土质为粉土和粉质亚黏土,地基压缩性大,地下水位 2 ~ 6m,自东向西逐渐变深。为减少地基工后沉降,全线采用了粉喷桩、堆载预压、地基强夯、冲击碾压、设置山皮土垫层等技术措施,并取得了良好的技术效果。其中在地下水位高,难以压实的路段,设置 30 ~ 50cm 的山皮土垫层后,采用振动压路机或蓝派冲击压路机碾压,桥背地基根据预测的工后沉降分别采用粉喷桩和强夯技术处治。部分通道、涵洞部位地基先压实,之后堆载预压,最后挖出预压土进行结构施工。

此外,在山东省部分黄泛区高速公路上,还通过路面分期实施技术来解决黄泛区公路地基工后沉降问题,也取得了良好的工程效果。

三、黄泛区公路路床区处治技术

路基是路面的基床,与路面共同承担行车传递而来的荷载。增强路基工作区的抗变形能力,提高路基工作区的强度和整体稳定性是控制路面结构层应力分布,提高路面结构的抗疲劳寿命和使用稳定性的关键。黄泛区路基是由粉性土、粉质黏土填筑而成,无论是粉性土还是粉质黏土,因其粉粒含量高,颗粒级配的缺陷,表现出严重的毛细现象、冻敏性、较差的抗冲刷能力、冻融软化及路基顶层由行车振动引起的颗粒移位等不良工程现象。超载能使轮载的影响深度加深,使得路基上部一定深度内会发生较大地压缩与剪切变形,进而引起面层结构内应力重分布。在道路运营过程中,行车振动会使粉性土的颗粒浮动、滑移,导致路基表面松散,水的进入使路基表面软化,降低了路基与路面层间接触的连续性。粉土路基上路床的 CBR 值不能满足高速公路要求、运营阶段的严重超载使粉性土路基上部产生大的变形、附加应力影响深度地加深及水的进入导致路基顶面的界面强度损失,引发了路面结构内应力的重分布,加速了路面结构的疲劳损坏。

人们普遍认为,运行多年后的路基经过长期的固结沉降,密实度会进一步加大,强度会有所提高,并逐步达到稳定状态。基于上述观点,许多公路改、扩建工程中对老路基直接加以利用。然而,近年来的工程实践和研究发现,运行一段时间后的公路路基压实度均出现不同程度的降低(表 4-11),而含水率显著增加,特别是粉性土路床区土体松散,根本无法取出完整的芯样。这一压实度降低的机理尚不清楚,但对路面结构受力的影响是明显的。这就是尽管近年来在黄泛区公路地基、路基、路面材料和结构等方面进行了大量改进,这一区域的路面早期损坏仍然较其他区域严重得多的原因。

路基作为一种散体材料,压实后的回弹模量一般在 30 ~ 70MPa,对于半刚性路面,路面底基层的回弹模量一般大于 600MPa,路面基层、面层的回弹模量一般在 1 000 ~ 1 700MPa。显然整个路面底基层到路基的刚度变化过大,这对路面结构的受力是十分不利的。

部分黄泛区粉土路基压实度状况　　表 4-11

取芯地点	取芯深度（自路基算起）	设计压实度（%）	含水率（%）	干密度（g/cm^3）	实测压实度（%）
东营—青州高速公路（运行 4 年取芯）	0.50m	95	20.41	1.728	90
	0.90m	93	22.19	1.671	87
	1.75m	90	18.62	1.758	92
	3.35 m	90	19.31	1.729	90
	7.45 m	90	18.48	1.758	86
	12.85 m	天然地基	11.26	1.583	82
黄河公路大桥桥头引道（运行 5 年取芯）	0.45 m	95	12.17	1.615	89
	1.26m	93	20.23	1.526	86
	3.00 m	90	24.39	1.672	94
	3.30 m	90	21.41	1.647	93
	7.70m	90	26.91	1.484	84
	8.20 m	90	26.64	1.399	79
	9.35 m	90	22.7	1.589	90
	9.65 m	90	9.75	1.447	82
	11.40 m	天然地基	24.14	1.435	81

面对粉土路基的不良工程性质与严重超载现象，应提高路基上部的强度和路基的整体稳定性，以改变路面结构层因路基变形、路基顶面界面强度损失导致的面层结构应力重分布现象。最经济有效的方法就是对路基上部进行石灰土或水泥土处理。石灰土、水泥土处理的深度、石灰土剂量应依据结构层的模量合理搭配，由路面结构的力学计算确定，以实现路基到路面结构的刚度的渐变。

图 4-26 为 G20 高速公路齐河至夏津段路床区处置方案。

对上述方案进行有限元分析，结果发现，对支撑层变形敏感的半刚性结构层来说，改善路面结构的支撑条件对缓和路面结构受力、改善结构层应力分布与层间应力状态至关重要。路面结构的支撑强度、刚度与层间刚度差是影响路面结构抗疲劳性能、抗水损坏能力和使用耐久性的主要因素之一。路床区处理对降低半刚性基层沥青路面路表、路基弯沉起到一定作用，特别是对降低路基顶面弯沉，控制路基在运营过程中的变形起到良好的作用。路基的处理对提高路面结构界面抵抗荷载变形的能力，特别是抑制横向变形起到了一定的作用，而且轮压越大，效果越明显。路基处理后，标准轴载下，层间连续，面层压应力降低4.2%~4.9%；基层拉应力在不同的轮压下降低约30%；底基层拉应力则平均降低52%。层间滑动，面层拉应力平均降低了8%；基层和底基层层底拉应力分别减低17%与51%。路基处理对减少各层的拉应力起了显著的作用，对提高路面结构的抗疲劳性能起到重要的作用。

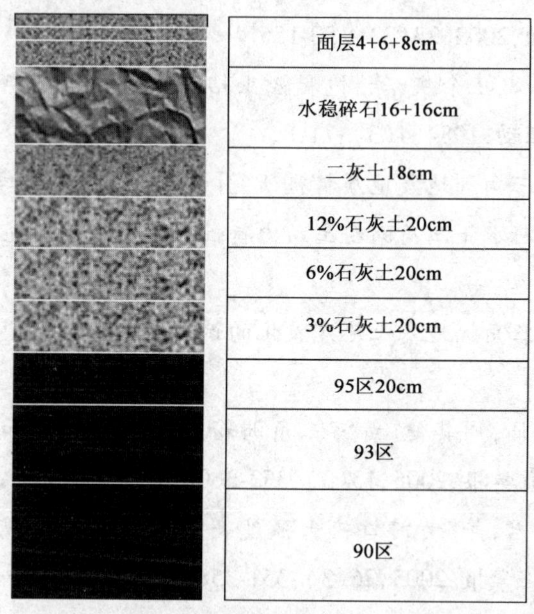

图4-26　G20高速公路齐河至夏津段路床区处置方案

G20高速公路齐河至夏津段通车运行近5年时间，路面结构状况良好。目前，山东省黄泛区许多公路均采用了路床区处治技术，对抑制黄泛区路面早期损害发挥了重要的作用。

参考文献

[1] 陈孝燕. 山东省第四系研究报告[R]. 济南:山东地矿局,1988,10-17.

[2] 中华人民共和国交通行业标准. 公路路基设计规范(JTG D30—2004)[S]. 北京:人民交通出版社,2004.

[3] 刘雪珠,陈国兴. 粘粒含量对南京粉细砂液化影响的试验研究[J]. 地震工程与工程振动,2003,23(3):150-155.

[4] 石兆吉,郁寿松,王余庆,等. 饱和轻亚粘土地基液化可能性判别[J]. 地震工程与工程振动,1984,4(3):71-81.

[5] 杨占宝. 黄河三角洲地震地质特征研究[D]. 中国海洋大学,2003 .

[6] 林霖. 现代黄河水下三角洲粉土动力特性及液化破坏研究[D]. 中国海洋大学,2003.

[7] 董淑云. 黄河三角洲地基土地震液化的试验研究和数值模拟[D]. 中国海洋大学,2004.

[8] 马德翠,单红仙,周其健. 黄河三角洲粉质土的动模量和阻尼比试验研究[J]. 工程地质学报,2005,13(3):353-360.

[9] 贾永刚,史文君,等. 黄河口粉土强度丧失与恢复过程现场振动试验研究[J]. 岩土工程学报,2005,26(3):351-358 .

[10] 陈勇,单红仙,贾永刚. 黄河沉积粉土渗透系数变化研究[J]. 海洋湖泽通报,2005,(4): 16-22.

[11] 郭雪莽. 黄河大堤饱和非饱和土渗透特性研究及应用[D]. 华北水利水电学院,2004.

[12] 冯秀丽,马艳霞,等. 现代黄河水下三角洲粉土的临界水力坡降探讨[J]. 海洋科学,2002,(6):54-57 .

[13] 刘媛媛. 黄河三角洲潮滩表层沉积物非均匀固结机理研究[D]. 中国海洋大学,2004 .

[14] 祝介旺,等. 黄河冲洪积土强夯作用下孔隙水压力增长与消散规律[J]. 岩

土力学与工程学报,2003,22(3):500-504.

[15] 张敏等.强夯加固济南机场饱和粉土和黏性土互层地基及加固效果综合评价[J].岩土钻掘工程实录选辑,2002 年增刊:216-221.

[16] 单红仙,刘媛媛,贾永刚,等.水动力作用对黄河水下三角洲粉质土微结构改造研究[J].岩土工程学报,2004,26(5):654-658 .

[17] 王俊超,贾永刚,史文君,等.差异水动力导致黄河口粉质土微结构分形特征变化实例研究[J].海洋科学进展,2004,22(2):177-183 .

[18] 王小花,刘红军,贾永刚.黄河口粉质土矿物成分特征及对水动力条件响应的研究[J].海洋地质动态.2004,20(5):30－35 .

[19] 尼旭东,张建怀,孙继红.黄河堤顶硬化石灰土基层施工技术[J].人民黄河,1999,21(4):39－44.

[20] 李经业,等.浅谈黄河冲积平原地区石灰土底基层的施工与监理[J].山东交通科技,2000,(2):19－20.

[21] 詹如斯 F·迈耶斯,等.粉煤灰——一种公路建筑材料[M].北京:人民交通出版社,1982.

[22] Lav, A. Hilmi. Microstructural development of stabilized fly ash as pavement base material[J]. Journal of Materials in Civil Engineering 12 2 2000 ADCE p157-163 0899-1566.

[23] 沙爱民.半刚性路面材料结构与性能.北京:人民交通出版社,1998.

[24] 钱玉林.路堤沉降计算方法的适应性研究[J].扬州大学学报(自然科学版),1999,(1).

[25] 訾剑华.徐州黄泛粉土地基特征及工程性态[J].工程地质学报,2000,增刊.

[26] 何兆益,周虎鑫.高填方路堤填筑体沉降的三维有限元分析[J].重庆交通学院学报,2000,(3).

[27] 张吾渝,谭昌明,陈页开.公路路堤软土地基沉降的一维动态反演预测分析方法[J].力学与实践,2000,(4).

[28] 谭昌明.高等级公路路堤软土地基沉降的反演与预测[D].浙江大

学,1999.

[29] 钟才根. 高速公路软基路堤沉降动态预测与控制[D]. 上海:同济大学,2002.

[30] 俞亚南. 沥青路面结构动力响应分析[D]. 杭州:浙江大学,2002.

[31] 黄仰贤. 路面分析与设计[M]. 北京:人民交通出版社,1998.

[32] 任瑞波,钟阳. 多层粘弹性半空间轴对称问题的理论解[J]. 哈尔滨建筑大学学报,2000,33(6):124-128.

[33] 钟阳,郭大智. 轴对称弹性半空间问题一般解的新方法[J]. 哈尔滨建筑大学学报,1995. 28(2),33(6):23-27.

[34] 邓学钧,黄晓明. 路面设计原理与方法[M]. 北京:人民交通出版社,2001,1-15.

[35] 洪毓康. 土质土力学[M]. 北京:人民交通出版社,1988,16.

[36] 山东省土壤肥料工作站. 山东土壤[M]. 济南:山东省土壤肥料工作站,1990,2-8.

[37] 刘东生,等. 黄土与环境[M]. 北京:科学出版社,1985,23-30.

[38] 王留奇,等. 黄河三角洲陆表沉积物矿物学特征及沉积成因[J]. 石油大学学报,1993,(5):35-37.

[39] 卢增兰. 土壤肥料学[M]. 北京:农业出版社,1988,58-60.

[40] 赵爱醒,等. 结晶学与矿物学(下册)[M]. 北京:地质出版社,1978,170.

[41] 钱家欢. 土力学[M]. 南京:河海大学出版社,1998.

[42] 黄文熙. 土的工程性质[M]. 北京:水利电力出版社,1984.

[43] Brazja,M. Das. 土动力学原理[M]. 杭州:浙江大学出版社.

[44] 刘卫民. 公路路基压实标准研究[D]. 山东大学,2004.

[45] 杨广庆. 路基工程[M]. 北京;人民交通出版社,2003.

[46] 邓学钧. 路基路面工程[M]. 北京:人民交通出版社,2001.

[47] 武汉水利电力学院河流泥沙工程学教研室. 河流泥沙工程学[M]. 北京:水利电力出版社,1980,16-18.

[48] 王维桥,等. 黄河冲积粉土的可塑性与压实控制标准分析[J]. 山东大学学

报(工学版),2003,(10):589-592.

[49] 刘肇生.含砂低液限粉土的击实试验与研究[J].公路,1994,(8):29-31.

[50] 申爱琴,郑南翔,等.含砂低液限粉土填筑路基压实机术研究[J].中国公路学报,2000,13(4):12-15 .

[51] 曾长女,刘汉龙,周云东.粉土动力特性研究综述[J].防灾减灾工程学报,2005,25(1):99-103.

[52] 李冰,焦生杰.振动压路机与振动压实技术[M].北京:人民交通出版社,2001.

[53] [瑞典]L.福斯布拉德.土石填方的振动压实[M].北京:人民交通出版社,1989.

[54] 王志刚.路基工程施工中压实机械的合理组合[J].河南科技. 2004,2:36-37.

[55] 中华人民共和国交通行业标准.公路路基施工技术规范(JTG F10—2006).北京:人民交通出版社,1995.

[56] 沙庆林.高等级公路半刚性基层沥青路面[M].北京:人民交通出版社,1999,643-703.

[57] 东南大学《石灰土基层》编写组.石灰土基层[D].南京:1984,10-25.

[58] 张登良.半刚性基层沥青路面[M].北京:人民交通出版社,1991,50-51.

[59] 中华人民共和国交通行业标准.公路路面基层施工技术规范(JTJ 034—2000).北京:人民交通出版社,2000,28-38.

[60] 姚占勇,等.提高二灰稳定土早强的试验研究[J].公路,1997,(1):27-31.

[61] 刘树堂,等.石灰粉煤灰稳定黄河冲积土的最佳配比分析[J].山东工业大学学报.1997,127(2):122-126.

[62] 钱觉时.粉煤灰特性与粉煤灰混凝土[M].北京:科学出版社,2002 年,30-46.

[63] 杨南如.碱胶凝材料形成的物理化学基础[J].硅酸盐学报,1996. 2:209-215.

[64] 袁润章.胶凝材料学[M](第二版).武汉:武汉工业大学出版社,1996 年.

[65] 陈筱岚,等.硅酸盐玻璃体中[SiO4]4 + 四面体聚合分布的研究[J].硅酸盐学报,1987.3.

[66] 王晓钧,等.粉煤灰—石灰—水系统反映机理探讨[J].硅酸盐学报,1996.2:137 -141.

[67] D. L. Hanks. Solidification of lime-fly ash admixtures: Influence of mix properties, curing temperature, and time of curing on compressive strength. Proceedings[C]. 12th International Symposium on Coal Combustion By - Product Management and Use, January 26 - 30, 1997, Orlando , Florida. American Coal Ash Association, 16.

[68] 王智,等.石灰对粉煤灰活性激发作用的研究进展[J].粉煤灰综合利用,1999(1):27-30.

[69] 沙爱民.稳定土火山灰作用的热力学原理及应用研究[J].岩土工程学报,1995,17(3):39-43.

[70] 甄启霜,等.二灰土半刚性基层缩裂分析[J].黑龙江交通科技,2004(3):35-36.

[71] R. Z. Yuan, Q. Y. Gao. Influence of Structure Features of Slags on Their Activity[J]. Silicates Industrials,1982.12.

[72] Lav, A. Hilmi. . Microstructural development of stabilized fly ash as pavement base material[J]. Journal of Materials in Civil Engineering 12 2 2000 ADCE p157-163 0899-1566.

[73] 杨锡武.粉煤灰混合料半刚性基层的微结构研究[J].中国公路学报,1994.3:36-40.

[74] 张登良,等.石灰、粉煤灰稳定土的早强试验研究[J].粉煤灰综合利用,1995(1):17-24.

[75] 曹红红,等.激发剂作用下粉煤灰火山灰反应特征的研究[J].粉煤灰综合利用,1997.2:28-32.

[76] 来旭光.粉煤灰在公路工程中的应用[J].交通标准化,2004(4):53-56.

[77] 张登良.加固土原理[M].人民交通出版社,1990 年.

[78] R. J. Stevenson and T. P. Buber. SEM Study of Chemical Variations in Western U. S. Fly-ash[J],. Material Research Society Symposia Proceeding, Vol. 86,1987.

[79] 沈金安. 国外沥青路面设计方法总汇[M]. 北京:人民交通出版社,2004.

[80] Baykal,Gokhan. Accelerated curing of fly ash – lime soil mixtures[C]. Transportation Research Record n 1219 1989.

[81] 郭婷婷,等. 二灰土击实性与抗剪强度试验研究[J]. 长江科学院院报,2004,21(6):38-40.

[82] 龚廉淏,等. 粉土用于二灰土底基层施工工艺控制[J]. 交通科技,2004(6):49-51.

[83] 商庆森,等. 影响石灰与二灰稳定细粒土强度因素的分析[J]. 公路交通科技,2000,17(6):26-29.

[84] 刘树堂,等. 无机结合料稳定用细粒土的模糊聚类分析[J]. 华东公路. 1998(4):56-59.

[85] 沙庆林. 高速公路沥青路面早期破坏现象与防治[M]. 北京:人民交通出版社,2001.

[86] 黄腊泉. 关于二灰土施工应特别注意的几个问题[J]. 交通标准化,2003(10):75-78.

[87] 乔梦军,等. 关于二灰土土质问题的商榷[J]. 森林工程,1999,15(1):58-59.

[88] 商庆森,等. 半刚性材料养生问题研究[J]. 华东公路,2000,124(3):55-58.

[89] 王世贵,等. 二灰土混合料快速养生测强度方法初探[J]. 铁道建筑技术,1996(5):47-48.

[90] 刘树堂,等. 半刚性材料自然养生强度标准的研究方法[J]. 华东公路,1999,118(3):11-14.

[91] 张宏,等. 养护龄期对二灰土工程特性的影响试验研究[J]. 人民长江,2004,35(12):25-26.

[92] 陈荣凯,等.二灰土基层的机械化施工[J].筑路机械与施工机械化,2001,18(2):39-41.

[93] 熊保恒,等.高速公路石灰粉煤灰稳定土底基层的机械化施工[J].筑路机械与施工机械化,2001,118(3):46-50.

[94] 邱国峰,等.高速公路二灰土底基层配合比的确定与施工[J].广州大学学报,2004,3(2):168-171.

[95] 平树江,等.二灰土配合比设计与施工质量控制[J].山东交通科技,2000(1):37-41.

[96] 杨竹卿.浅谈二灰土掺拌法施工工艺[J].山西建筑,2004,30(19):84-85.

[97] 马健霄,等.二灰土路面基层施工质量控制[J].森林工程,2004,20(5):66-67.

[98] 龚廉溟,等.粉土用于二灰土底基层施工工艺控制[J].交通科技.2004(6):49-51.

[99] 孔繁龙.石灰粉煤灰稳定土路面底基层施工技术[J].华东公路,2003(5):29-35.

[100] 邹培林.路面基层材料含水量的偏差对基层强度的影响[J].内蒙古公路与运输,2004(1):17-18.

[101] 刘登普.半刚性基层材料压实度与强度的关系[J].公路与汽车,2002,90(3):42-44.

[102] 史玉金,等.路面基层压实度现场测试中的非理想因素分析[J].地质科技情报,2002,21(1):110-112.

[103] 赵玉生.二灰类快速测强方法研究[J].山西交通科技,1999(4):16-18.

[104] 郁麒昌,等.浅谈路面底基层、基层压实检测的一种方法[J].湖南交通科技,2002,28(1):27-28.

[105] 华泽锋,等.用数理统计方法浅析基层压实度质量控制[J].辽宁交通科技,1997,20(1):18-19.

[106] 张志.提高击实试验结果准确性的探讨[J].岩土工程界,2003,7(5):31-33.

[107] 赵淑敏. 二灰土现场试验检测方法探讨[J]. 公路,2003,(4):123-124.

[108] 中华人民共和国交通行业标准. 公路工程无机结合料稳定材料试验规程(JTJ 057—94)[S]. 北京:人民交通出版社,1994,10-25、48－56.

[109] 中华人民共和国交通行业标准. 公路土工试验规程(JTJ 051—93)[S]. 北京:人民交通出版社,67-76、80-84、227-228.

[110] 同济大学道路与交通工程研究所,等. 半刚性基层沥青路面[M]. 北京:人民交通出版社,1991.

[111] 陈军民. 干状粉煤灰在路面基层中的应用[J]. 浙江建筑,2003,增刊:42-43.

[112] 赵维国. 无机结合料稳定土的无侧限抗压试件的制作[J]. 公路,2001(8):110-112.

[113] 丁庭,等. 二灰土技术及填料优化设计研究[J]. 西部探矿工程,2003,84(5):5-7.

[114] 郑子德. 旅顺南路工程的二灰土配合比设计[J]. 东北公路,2003,26(2):71-72.

[115] 何明,等. 公路工程施工压实因素浅析[J]. 黑龙江交通科技,2000,87(4):41-42.

[116] 沙庆林. 公路压实与压实标准[M]. 北京:人民交通出版社,2001.

[117] 郭进英. 半刚性基层材料的均匀性对路面性能的影响[J]. 公路,2002(10):28-29.

[118] 郭婷婷. 二灰土工程特性的试验研究[J]. 西北水资源与水工程,2003,14(2):21-23.

[119] 刘波,韩彦辉. FLAC 原理、实例与应用指南[M]. 北京:人民交通出版社,2005.

[120] 倪一鸿. 公路荷载作用下软土地基次固结[J]. 公路,1999,No. 10:56-61.

[121] 王金海. 结构分析中有限元法概论[M]. 重庆:重庆建筑工程学院,1993.

[122] 徐芝纶. 弹性力学简明教程[M]. 北京:高等教育出版社,1983.

[123] 姜晋庆. 结构弹塑性有限元分析法[M]. 北京:宇航出版社,1990.

[124] 孙钧,汪炳监. 地下结构有限元法解析[M]. 上海:同济大学出版社,1988.

[125] 沈珠江. 理论土力学[M]. 北京:中国水利水电出版社,1999.

[126] 黄文熙. 硬化规律对土的弹塑性应力应变模型影响的研究[J]. 岩土工程学报,1980,2(2):1-5.

[127] 沈珠江. 土的弹塑性应力应变关系的合理形式[J]. 岩土工程学报,1980,2(2):28-23.

[128] 肖鹏. 道路路基工作区与路基路面结构分析[J],华东公路,1996,5:39-41.

[129] 山东大学道路工程研究所. 德滨高速地基处治技术咨询报告[R]. 2009,10.

[130] 林代锐,蔡业青,李国维. 高等级公路软土地基路堤填筑施工控制[J]. 中外公路,2002,22(3):16-19 .

[131] 吴跃东,钟德文,李建. 排水固结法在高速公路软基加固中的应用[J]. 华东公路,2002,1:12-14.

[132] 岳红宇,王良国. 软土地基沉降预估的实用计算方法[J]. 华东公路,2002,1:23-26.

[133] 钟才根,等. 高速公路软基路堤沉降速率控制[J]. 华东公路,2002,3:42-44.

[134] 任国旭,陈新彦. 高速公路软基沉降预测中的误差分析[J]. 中外公路,2001,21(5):21-23.

[135] 孙淑勤,李雯,张佩旭. 中日公路土质路基压实控制方法比较[J]. 国外公路,2001,21(2):37-39 .

[136] 沈珠江,等. 计算土力学[M]. 上海科学技术出版社,上海,1990.

[137] 杨重存. 黄土高路堤高路堑的稳定与变形性态分析研究[J]. 华东公路,1998,No. 4.

[138] 郑治. 路堤自身压缩的分层总和法[J]. 华东公路,1996,5:51 -55.

[139] 杨建国,陈谦应. 土料及砂的弹塑性模型参数研究[J]. 公路交通技术,

2000,1:8-11.

[140] Anon. Dynamic compaction used to solve Montana soils problem [J]. Better Roads,1986,v56.

[141] Wallays. Deep compaction by vertical and horizontal vibration[J]. Rencent Developments in Ground Improvement Techniques,1985 .

[142] Dumas,Jean C. Dynamic compaction of saturated silt and silty sand – A case history [J]. Geotechnical Special publication,1994,V45.

[143] Smadi,Malek M. Lateral deformation and associated settlement resulting from emban km ent loading of soft clay and silt deposits[D]. University of Illinois at Urbana-Champaign,USA,2001.

[144] I. Jefferson,C. Tye,K. J. Northmore. Behaviour of silt: the engineering characteristics of loess in the UK[J]. Problematic soils,2001.

[145] Michael J. Creed. Analysis of settlements of stage constructed emban km ents on estuarine alluvium[J]. Twelfth European Conference on Soil Mechanics and Geotechnical Engineering ,1999,V2.

[146] M. TANG,J. Q. SHANG. Vacuum preloading consolidation of Yaoqiang Airport runway[J]. Geotechnique,2000,V50.

[147] Lei. j FJ,Ghezzehei TA. Analytical models for soil pore – size distribution after tillage [J]. Soil Science Society of America Journal,2002,V66.

[148] 山东交通科学研究所.重载交通对公路路面损害及其防治措施的研究报告[R],2002.12.